SONO INTROVERSO, E ALLORA? UNA SPIEGAZIONE SCIENTIFICA DELLA MENTE INTROVERSA

COSA CI MOTIVA GENETICAMENTE, FISICAMENTE E DAL PUNTO DI VISTA COMPORTAMENTALE. COME AVERE SUCCESSO E PROSPERARE IN UN MONDO DI ESTROVERSI.

STEVE ALLEN

Edizione 1.0 – Gennaio, 2018

Pubblicato da Steve Allen

ISBN: 978-1984312297

Scopri altri titoli dello stesso autore su www.amazon.com/author/pnl

Immagine di copertina utilizzata su licenza di Depositphotos™

INDICE

INTRODUZIONE

Hai notato di aver bisogno di più tempo da passare da solo rispetto ai tuoi amici? Ti senti a disagio o stremato dalla folla e dalle attività sociali? Parli lentamente e usi poche parole?

Bene, lascia che ti dica che un terzo delle persone di questo grande e meraviglioso mondo sono come te. E' da matti, vero? Per tutto questo tempo hai pensato di essere l'unico. Hai pensato che le tue necessità e i tuoi desideri innati erano in qualche modo sbagliati. Hai pensato che ci fosse qualcosa di sbagliato in te e che dovevi rimediare. Magari altri hanno cercato di rimediare. Bene, stavano stagliando. La verità è che non c'è nulla di sbagliato in te.

E' duro essere introversi in un mondo di estroversi. Lo so, perché lo sono anch'io. Tuttavia, può anche essere un enorme vantaggio. Dipende tutto da che punto di vista lo guardi.

Dato che noi introversi tendiamo a preferire la tranquillità, il pensiero profondo, la solitudine e stare lontani dalle situazioni sociali, possiamo sembrare sospettosi e distanti ad un occasionale osservatore estroverso. Questo ha portato al fatto che molti introversi siano incompresi e mal giudicati. Fortunatamente, ricerche recenti hanno fatto luce sull'introversione mal interpretata.

Le indagini hanno rivelato che ci sono vere differenze fisiche e biologiche tra introversi ed estroversi che possono spiegare le differenze tra i loro comportamenti. E' emerso anche che gli introversi hanno qualità preziose quanto gli estroversi, e che possono consentirgli di prosperare, anche in un mondo di estroversi.

Una persona introversa è una persona che *"si rivolge al suo interno"* per cercare la sua fonte di energia invece di cercarla all'esterno. Cosa c'è di più potente della capacità di ricaricare la propria energia dall'interno?

Ho due intenzioni mentre scrivo questo libro. Primo, voglio smontare la tradizionale definizione stereotipata degli introversi esplorando le cause fisiche e chimiche che danno forma alla loro personalità. Secondo, voglio aiutare gli introversi ad implementare ed utilizzare i propri doni autonomi unici per permettergli di superare le paure e raggiungere i propri obiettivi personali e professionali.

Questo è il tuo momento. E' il momento di smettere di cercare di adattarti all'ideale estroverso e cominciare a vivere la vita alle tue condizioni. Non c'è nulla di sbagliato in te.

Questo è un breve libro che condensa decenni di ricerche psicologiche che riguardano ciò che ci fa funzionare. Unisciti a me in questo viaggio rivelatore nel quale ridefiniremo il tuo potenziale e libereremo il potere che è dentro di te.

Capitolo 1

PERMETTIMI DI PRESENTARMI

Sono James e sono introverso. Di solito mi vergognavo ad ammetterlo perché credevo che la gente avrebbe potuto pensare che ero in qualche modo stupido. Adesso porto la mia introversione con orgoglio, anche durante gli eventi sociali. Non fraintendermi, penso ancora che qualunque evento sociale con più di 4 persone sia opprimente ed estenuante, ma mi sono reso conto che al di là di tutte quelle chiacchiere noiose, la socializzazione può essere un vero tesoro per gli introversi.

Sono un sognatore idealista, e questa caratteristica della mia personalità, tanto romantica come potrebbe sembrare, era quella che mi creava maggiori difficoltà. Rimanevo rapidamente deluso da tutte quelle piccole chiacchiere senza senso. Volevo qualcosa di reale.

Cercare di avere una vera conversazione durante una festa piena di persone è come cercare di accendere un fuoco sotto la pioggia. Puoi farlo, ma probabilmente richiederà molto sforzo, e chissà se il collegamento durerà più di qualche minuto.

Nel passato, mi obbligavo ad andare alle feste organizzate dall'azienda per la quale lavoravo perché pensavo facesse parte del mio lavoro. *Vai alla festa. Sforzati di sorridere. Parla con le persone. Cerca di non rimanere vicino al tavolo del buffet tutta la sera né divorare nervosamente un intero piatto di patate fritte. Fai finta di divertirti, anche se preferiresti essere a casa a leggere un libro.*

Le istruzioni erano molto chiare e, tuttavia, mi sembrava sempre di rovinare tutto. Partecipavo, ma me ne andavo presto. Il mio sorriso sembrava più forzato che sincero. Le mie dita inquiete erano continuamente attirate dal vassoio del cibo e sembrava che la mia casa mi chiamasse. Finalmente, quando accettavo di tornare a casa, di solito mi sentivo più vuoto di quando ero arrivato. *Non si suppone che una festa ti riempia e ti faccia sentire completo?* Purtroppo, le feste non sono così soddisfacenti come sembrano negli annunci delle birre... o al meno, questo è ciò che pensavo.

Capitolo 2

DI CHE PARLA QUESTO LIBRO

Ho scritto questo libro perché venga letto dagli introversi, ma ti assicuro che potrai trarre benefici dalla sua lettura sia che tu sia introverso che estroverso.

Nei primi capitoli esploreremo l'affascinante mondo interiore degli introversi. Esploreremo il modo in cui vedono il mondo, la loro storia e i molti modelli psicologici della personalità esistenti, dei quali l'introversione è una dimensione. In seguito vedremo l'affascinante scienza alla base degli introversi per capire cosa li motiva geneticamente, fisicamente e dal punto di vista comportamentale.

Dopo, parleremo della felicità e della possibilità di modificare il comportamento da introverso ad estroverso. Poi vedremo quali sono le qualità uniche degli introversi e come possono queste caratteristiche aiutarli ad avere successo.

In seguito vedremo consigli pratici per ottimizzare la tua energia introversa e un piano di sopravvivenza sociale sviluppato per affrontare, e anche godere, gli eventi sociali più temuti, e la cosa più bella di tutte è che non dovrai "*curare*" la tua introversione.

Con la lettura di questo libro raggiungerai una comprensione sociale e scientifica di ciò che è realmente l'introversione e daremo risposte alle seguenti domande:

- Chi sono gli introversi e cosa provano?
- Quali sono le principali teorie psicologiche dietro questa caratteristica della personalità?
- Cosa dice la scienza sull'introversione?
- I cervelli introversi sono chimicamente diversi dai cervelli estroversi?
- Gli introversi sono geneticamente diversi dagli estroversi?
- Come possono gli introversi avere successo in una società estroversa?

Se hai già letto qualche altro mio libro, saprai che mi sforzo di scrivere idee concrete e applicabili, perché la mia intenzione è fare in modo che il libro sia il più sintetico e breve possibile, affinché tu lo possa leggere in poche ore, anche in un'unica volta. Di conseguenza, ti anticipo che non troverai contenuti di *"riempimento"* che non hanno applicazione diretta per ottenere un cambiamento positivo del tuo comportamento. Bene, lasciando da parte ulteriori preamboli, iniziamo.

Capitolo 3

COSA SI PROVA AD ESSERE INTROVERSI

"Non pensare all'introversione come a qualcosa che deve essere curato... Trascorri il tuo tempo libero come più ti aggrada, non nel modo in cui credi dovresti trascorrerlo." - *Susan Cain*

Molti non capiranno mai cosa si prova ad essere introversi. Possono avere un'idea, ma non lo capiranno mai davvero. Magari credono che essere introversi voglia dire provare tristezza, solitudine e paura. O credono che l'introversione sia come la timidezza, quindi pensano che tutti gli introversi debbano sentirsi nervosi e spaventati. Non sapranno mai la verità.

Alcuni non capiranno mai che gli introversi provano qualcosa che un estroverso non sperimenterà mai. Questo sentimento è difficile da spiegare, ma farò del mio meglio.

Qualche giorno fa, mentre guardavo la televisione, qualcuno ha parlato di un sogno spaventoso e ricorrente che era solito fare quando era bambino. Questa persona sognava di camminare per una strada e gli edifici cominciavano a cadergli addosso, schiacciando il suo piccolo corpo. Disse che era una sensazione terribile. Queste enormi strutture imponenti gli cadevano addosso e non c'era nulla che potesse fare. Essere introversi in un mondo estroverso è la stessa cosa.

Siamo piccoli in un mondo in costruzione. Vorremmo semplicemente uscire a fare una passeggiata, ma di solito veniamo schiacciati dalla sovrastimolazione. Spesso ci sentiamo sopraffatti dall'ambiente che ci circonda.

Gli *"edifici"* che minacciano di schiacciarci sono le attività quotidiane di gruppo, la musica alta e la folla. Alcuni non capiranno mai com'è essere tanto stremati da un evento sociale, al punto che dopo si ha bisogno di giorni interi per riprendersi. O tanto sfiniti dall'inquinamento acustico da non riuscire a pensare. O tanto esauriti da una conversazione che si vorrebbe solo correre a nascondersi.

La sensazione di essere sopraffatti che gli introversi possono provare ogni giorno è semplicemente un concetto astratto per la maggior parte delle persone. Magari ne hanno sentito parlare, ma questo non significa che sappiano cosa vuol dire. Ovviamente, lo sfinimento sociale non è l'unica cosa che noi introversi proviamo. Esiste anche un enorme vantaggio ad essere introversi in un mondo estroverso, e te lo rivelerò in seguito.

Le gioie segrete dell'introversione

Quando siamo nel nostro elemento, noi introversi abbiamo accesso ad un mondo segreto di saggezza e bellezza. E' come avere uno di quei biglietti dorati che danno accesso ai saloni più eleganti dell'aeroporto. Alcune anime povere non conosceranno mai i tesori di cui noi introversi abbiamo beneficiato dall'infanzia. Non capiranno mai la gioia che si prova a stare soli in casa. Semplicemente, non capiranno quanto è incredibile passare ore con l'unica compagnia di se stessi senza annoiarsi mai. O l'assoluta euforia di focalizzare tutta la nostra concentrazione ed energia mentale in un'attività. L'ossessione della mente è più emozionante di qualunque montagna russa sulla quale tu sia mai salito.

Di certo molti non capiranno mai cosa si prova ad essere introversi e la nostra tendenza a sentirci sopraffatti semplicemente non avrà alcun senso per loro. Probabilmente non comprenderanno neanche le gioie del nostro mondo segreto, e va bene così, perché i biglietti dorati non sono per tutti. E' questo che ci rende speciali.

Capitolo 4

GLI INTROVERSI ALLO SCOPERTO

Mi hanno sempre etichettato come introverso. Di solito andavo direttamente a casa dopo la scuola invece di restare a socializzare con gli amici. Passavo i fine settimana da solo nella mia stanza, smontando giocattoli o semplicemente guardando la televisione. Non perché non avessi amici con cui passare il tempo. Semplicemente preferivo trascorrere del tempo di qualità dopo una lunga giornata insieme ad altre persone.

A questo proposito, mi hanno definito *"introverso"* un milione di volte. Ma lascia che ti faccia una domanda: cos'è realmente un introverso? Prima di rispondere, ti sottoporrò alcuni antefatti sull'argomento.

L'introversione è una delle caratteristiche principali della personalità studiata in molte teorie psicologiche. La parola introversione è stata utilizzata per la prima volta, insieme alla parola estroversione, durante il decennio del 1920, quando il noto psicologo svizzero Carl Jung pubblicò il suo lavoro *"Psychologische Typen"*, o tipi psicologici.

Oggi la tipologia introverso-estroverso è ancora più

importante e rilevante. Secondo Jung, l'introversione è un modo psicologico nel quale un individuo considera la sua realtà interna della massima importanza. Questo significa che gli introversi tendono a concentrarsi più verso l'interno e spesso si ritirano dal mondo esteriore per poter concentrare la propria energia verso l'interno. L'estroversione, invece, porta le persone ad essere più espressive e a dipendere da fonti esterne (persone, circostanze e ambiente) per gli stimoli.

Quindi sostanzialmente le differenze tra questi due tipi di personalità si riducono a come questi individui utilizzano la propria energia, ovvero, mentre gli introversi trovano energizzante le interazioni sociali, gli introversi trovano sfinenti queste attività, quindi le evitano il più possibile. Gli introversi sono persone che tendono a concentrarsi di più sui propri pensieri ed emozioni invece di cercare di trovare stimoli nell'ambiente esterno. Normalmente tengono le cose per sé e rimangono sulla difensiva per quello che riguarda le richieste del mondo esteriore. Ti ci ritrovi?

Come sperimentano il mondo

"Raramente mi annoio da sola. Spesso mi annoio in gruppi e folle." - Laurie Helgoe

Ci sono una serie di caratteristiche degli introversi che possono distinguerli. Come abbiamo già detto, agli introversi non dispiace stare soli, anzi, spesso lo preferiscono, ma non perché odino le persone. Semplicemente perché si sfiniscono facilmente con le interazioni sociali. Si sentono a proprio agio a trascorrere del tempo da soli e vedono queste occasioni come una boccata d'aria fresca rispetto al rumoroso mondo esteriore, anche se molti pensano che questa sia una caratteristica inopportuna dato che la società occidentale ha interiorizzato molto l'ideale estroverso.

Per una migliore comprensione, è meglio pensare all'introversione e all'estroversione come una batteria sociale immaginaria. Per gli introversi, la batteria si scarica rapidamente quando si trovano in un ambiente che richiede molte interazioni. La loro batteria sociale recupera energie solo quando passano il tempo adeguato senza la compagnia di altri, all'interno dei confini del proprio spazio privato, dedicandosi ad attività che non richiedono contatti con il mondo esteriore. Ad esempio, un introverso che ha passato tutta la notte ad una riunione sociale ha più probabilità di isolarsi dalle persone il giorno seguente. Questa persona non riesce a gestire così tante interazioni, quindi ha bisogno di ritirarsi nella comodità della solitudine. A volte si ha bisogno di ore, o addirittura giorni, per recuperare e prepararsi per un'altra avventura sociale, a seconda di quanto si è introversi. Un introverso può divertirsi facilmente leggendo un libro, vedendo un film o ammazzando il tempo con dei solitari.

Probabilmente avrai indovinato che la batteria sociale dell'estroverso funziona esattamente in maniera opposta, ricaricandosi in presenza di altri e scaricandosi quando passa del tempo da solo.

Gli introversi pensano anche che le piccole chiacchiere superficiali siano una perdita di tempo e di energia. Scaricano la loro batteria sociale più rapidamente di qualsiasi altra attività, dato che sembrano inutili. A questo proposito, gli introversi sono più propensi a partecipare a conversazioni profonde e significative. Se devono spendere la propria preziosa energia sociale, allora deve essere per qualcosa di significativo o intimo.

Agli introversi non dispiacciono necessariamente le feste, le riunioni familiari o uscire la sera con gli amici, anche se prendere parte a questi eventi è un vero lavoro per loro. A volte hanno bisogno di molta persuasione per dire di sì, e può essergli difficile riunire le energie necessarie per socializzare in giornate nelle quali l'unica cosa che avrebbero voluto fare era rilassarsi in poltrona. Il vero compromesso tende ad essere estenuante. Per loro, la serata ideale di fine settimana è qualcosa di tanto semplice come restare a casa, guardare una maratona di film e mangiare pop-corn.

Invece di andare a fare baldoria, gli introversi preferiscono cenare a casa con un piccolo gruppo di amici. In generale non gli dispiace la gente, e se stai interagendo con qualcuno che sembra asociale o inaccessibile, è possibile che sia semplicemente un introverso con la batteria sociale completamente scarica.

Per un introverso, l'attività sociale ideale è quella in cui ci sono una programmazione e un tempo prestabiliti. Si sentono più a proprio agio quando sanno come funziona il programma e quando finirà, perché in questo modo possono controllare il proprio ritmo e le proprie batterie sociali.

E' importante che gli amici degli introversi comprendano la loro natura per non prenderla sul personale quando gli introversi rifiutano i loro tentativi di socializzazione. Possono sembrare timidi, un po' scettici e a volte possono avere difficoltà ad adattarsi a posti nuovi, ma nulla di tutto ciò vuol dire che stanno avendo difficoltà o problemi. Sono semplicemente occupati a gestire la propria batteria sociale, e più sperimentano situazioni nuove, più la loro batteria si scarica. Come vedremo più avanti, questo comportamento dipende dal modo in cui sono collegati i loro cervelli.

Non confonderti

L'introversione non è così ovvia come può sembrare. Alcuni non si rendono neanche conto di essere introversi fino a che qualcuno gli fa notare la loro avversione ai grandi gruppi o la tendenza ad abbandonare gli eventi sociali prima del tempo. Nonostante il frequente utilizzo della parola introverso nell'attualità, ci sono ancora dei concetti errati per quello che riguarda questo tipo di personalità.

Gli introversi sono categorizzati automaticamente come persone timide e ansiose. Possono anche essere visti come scortesi e inaccessibili. Questo stereotipo può essere comprensibile, dato che non si può negare che molti introversi posseggano queste caratteristiche. Tuttavia, non è vero che tutti gli introversi sono persone nervose o asociali. Non tutti sono timidi e silenziosi. La timidezza è l'ansia possono essere caratteristiche che accompagnano l'introversione, ma non la definiscono. Al suo picco sociale, un introverso è indistinguibile da un estroverso, ed è ciò che fanno quando sono sfiniti che li differenzia.

Cosa preferisci fare quando sei stanco? Passare il tempo con gli amici, o chiuderti in una stanza?

Comprendere la risposta a questa domanda è essenziale per arrivare alla piena coscienza sociale. Gli introversi si classificano come coloro le cui batterie sociali si esauriscono passando il tempo con altre persone, mentre gli estroversi ottengono energia stando in compagnia di altri.

Lo spettro introversione-estroversione

La verità è che, sebbene possiamo identificarci come introversi o estroversi, è più esatto dire che la maggior parte di noi si trova in un punto intermedio. E' possibile che abbiamo una tendenza più verso l'introversione o l'estroversione, ma nessuno è puramente uno o l'altro. Di fatto, esiste anche una terza dimensione chiamata *"ambiversione"*, che si trova vicino alla metà dello spettro e rappresenta coloro che si sentono a proprio agio e pieni di energia nelle situazioni sociali, ma continuano ad aver bisogno di tempo per stare da soli.

Di conseguenza, anche se possiamo identificarci più come introversi o estroversi, il concetto della personalità è molto più duttile di quello che potremmo pensare.

Hans Eysenck coniò per la prima volta il temine ambiverso per definire una persona che manifesta le caratteristiche tanto di un introverso quanto di un estroverso. Questi si trovano al centro, sebbene sia impossibile definire il centro esatto tra un tipo di personalità e l'altro. Per ripetere, un introverso è una persona che ottiene la sua energia principalmente dal suo interno. Per l'introverso, il mondo reale è un mondo interno di idee, pensieri e percezioni generate dalla propria mente. Al contrario, un estroverso è colui che ottiene energia dal mondo esteriore, da altre persone e da cose che esistono intorno a lui. A partire dall'interazione con gli elementi del mondo esteriore, l'estroverso sviluppa i suoi pensieri, attitudini mentali e azioni. L'ambiverso è una rappresentazione del punto medio tra un introverso puro e un estroverso puro.

Il professor Jonathan Alexander afferma: *"Tutti abbiamo una parte introversa ed una estroversa, al di là della personalità che mostriamo maggiormente."* Sebbene gli introversi possano preferire la solitudine, ci sono situazioni nelle quali saranno all'altezza della situazione e agiranno diversamente dal proprio carattere e fuori dalla propria zona di comfort. Le persone hanno tratti introversi e tratti estroversi a seconda di ciò che succede nelle loro vite. La loro batteria sociale, la tolleranza verso le persone e l'interesse per altri dipende spesso dal contesto (sul lavoro ad esempio) o dai loro sentimenti e stati d'animo generali. Nessuno è esattamente uguale tutti i giorni.

Il vero ambiverso può agire comodamente su qualunque lato dello spettro introverso-estroverso. Il mondo non è bianco o nero né è fatto unicamente da eremiti o festaioli. In realtà, la maggior parte degli introversi diventerebbe abbastanza ansiosa se dovesse rimanere isolata per lunghi periodi, e allo stesso modo, la maggior parte degli estroversi sentirebbe il proprio livello di ansia aumentare se dovesse partecipare ad un evento sociale dopo l'altro senza avere un po' di tempo per sé. Quasi il 99% della popolazione può funzionare come introversa o estroversa, a seconda delle circostanze.

Se ti etichetti come introverso e ti consideri sempre tale, allora questa può diventare una profezia auto-realizzata. Puoi limitarti ad una vita di isolamento e vivere principalmente dentro di te, eliminare i collegamenti con le persone e cercare di confidare solo in te stesso. La cosa peggiore di questa focalizzazione è che limiterai il tuo enorme potenziale.

Al contrario, se decidi di essere esclusivamente estroverso, puoi chiuderti e non aprire la tua mente alle possibilità di sviluppo intellettuale che possono farti avanzare nella tua carriera. Sostanzialmente, puoi ritrovarti ad essere distratto e preso dal momento invece di pianificare e partecipare quando capitano periodi di lavoro duro.

Una combinazione di caratteristiche introverse ed estroverse ci rende più capaci e adattabili per tutto ciò che vogliamo fare. Senza avventurieri, non avremmo esplorato il mondo. Senza scrittori, le nostre menti non sarebbero illuminate. Questa bella varietà fa sì che valga la pena vivere e ti permette di vivere la vita al massimo. Inoltre produce delle sfide che ci aiutano a crescere e raggiungere tutto il nostro potenziale.

Il 99% delle persone è ambivalente. Tuttavia, ci sono delle eccezioni e a volte l'1% della popolazione sembra composto da gente strana e inquietante. Sebbene una persona sia principalmente introversa, ci aspettiamo almeno alcuni comportamenti estroversi, altrimenti ci sembrerebbe di parlare con un robot. Allo stesso modo, da una persona principalmente estroversa, ci aspettiamo occasionalmente silenzi e comportamenti tranquilli, altrimenti ci sembrerebbe di parlare con qualcuno che poi non ricorderà neanche il nostro nome.

In altre parole, la tradizionale scala introverso/estroverso è una falsa dicotomia. La gente può tendere da una parte o dall'altra, ma la realtà è che si trova da qualche parte nel mezzo. Ricorda, tutto è uno spettro, e tutti siamo differenti al suo interno. Purtroppo, alcuni di noi hanno interiorizzato le proprie etichette di introverso o estroverso, e questo di solito causa più danni che benefici. Seguire ostinatamente un'etichetta o un lato dello spettro vuol dire negare la vera complessità della nostra natura umana.

In definitiva, la vita è fatta di moderazione ed equilibrio. Tutti siamo capaci di mostrare un'ampia gamma di emozioni. Rimarremmo presto delusi se le nostre vite fossero sempre dedicate a stare con gli amici, o isolate nella solitudine della nostra stanza. La vita ci chiama all'azione tanto quanto al pensiero. Un'orchestra che suona un'unica nota non merita alcun applauso.

Di seguito vedremo un breve capitolo sulla storia della teoria psicologica dell'introversione. Ti raccomando di leggerlo rapidamente, dato che più avanti faremo riferimento ad alcuni concetti, ma se vuoi saltarlo, puoi farlo e tornare a leggerlo più tardi se hai bisogno di chiarire alcune parti.

Capitolo 5

BREVE STORIA DELLA TEORIA PSICOLOGICA DELL'INTROVERSIONE

Nonostante questo non sia un libro tecnico, è interessante conoscere il contesto storico dell'introversione. Puoi saltare questo capitolo senza il rischio di perdere qualcosa di fondamentale, ma sono certo che con una semplice lettura rapida otterrai una buona comprensione dello status quo dello studio della personalità. In questo capitolo vedremo un breve riassunto dei tentativi di identificare e categorizzare l'introversione.

L'introversione (come parola) ha una lunga storia che risale al decennio del 1660 e come concetto psicologico è esistita dall'inizio del XX secolo. Gli antichi Greci potrebbero essere stati i primi a cercare di classificare la gente in base alla personalità, ma il concetto psicologico di introversione è nato con Carl Jung.

Gli antichi Greci

Teofrasto

Fu un filosofo greco e un discepolo di Platone e Aristotele, e visse dal 371 a.C. al 287 a.C. Probabilmente fu il primo a cercare di catalogare le persone in base alla personalità. Nonostante avesse molti interessi (è noto anche per essere il *"padre della botanica"*) lasciò il segno nello studio della personalità, scrivendo il libro *"Personalità"*, che comprendeva la descrizione di 30 *"Tipi morali."*

Ippocrate e Galeno

Ippocrate è considerato il padre della medicina e il creatore del giuramento di Ippocrate che ancora oggi i medici pronunciano. Visse dal 460 a.C. al 370 a.C. Il suo successore, Galeno, visse dal 129 d.C al 200 d.C. Entrambi credevano che esistessero quattro *"umori"* o temperamenti: collerico, sanguigno, melanconico e flemmatico. I temperamenti collerico e sanguigno erano più eccitabili. I temperamenti melanconico e flemmatico erano più vicini a quello che oggi consideriamo introverso. Ippocrate e Galeno credevano anche che questi temperamenti fossero causati o influenzati dai fluidi corporei.

Sebbene non abbiano dato una descrizione precisa, potrebbero essere stati a primi a tentare di dare una spiegazione biologica delle differenze tra le personalità. Tuttavia, la scienza introdurrà l'introversione come una caratteristica della personalità solo 2.000 anni più tardi.

Il concceto di Carl Jung

Come abbiamo già detto, sebbene l'introversione sia sempre esistita come dimensione della personalità, il termine *"introversione"* cominciò ad essere utilizzato solamente quando lo psicologo Carl Jung lo coniò nel decennio del 1920. Jung, il padre della psicologia analitica, fu il primo psicologo moderno a studiare a fare passi avanti nella dicotomia dei tipi di personalità introversa ed estroversa.

Indicatore Myers-Briggs

I concetti di introversione ed estroversione di Carl Jung con il tempo si sono convertiti nella base del test della personalità con il quale molti di noi sono stati valutati quando cercavano un lavoro. L'indicatore di tipo di Myers-Briggs (MBTI dalla definizione inglese).

Katherine Briggs e sua figlia, Isabel Briggs Meyers, idearono il MBTI per aiutare le persone a determinare dove si trovassero tra quattro funzioni cognitive, tra cui introversione-estroversione.

In accordo con la pagina web della fondazione Myers-Briggs, la definizione di introversione-estroversione è basata sul *"mondo preferito"* della persona: *"Mondo preferito: preferisce concentrarsi sul mondo esteriore o sul suo mondo interiore? Questa si chiama Estroversione (E) o Introversione(I)."*

Sebbene il modello Myers-Briggs venga ancora utilizzato per fini accademici e di lavoro, è stato progressivamente rimpiazzato da altri modelli che vengono considerati più esatti.

Gordon Allport

Lo psicologo statunitense Gordon Allport cercò di catalogare la personalità umana utilizzando tutti gli aggettivi nel dizionario che potessero essere applicati alla personalità e così classificarla sistematicamente. Questo lo portò ad avere una lista di 4.500 caratteristiche che organizzò in tratti peculiari, tratti centrali e tratti secondari. Sebbene la sua lista di

4.500 caratteristiche fosse troppo farraginosa per essere utile, è stata d'ispirazione per altri psicologi che l'hanno ridotta per ottenere una comprensione più elegante e semplificata della personalità umana.

Ipotesi della stimolazione di Hans Eysenck e il modelli dei tre fattori

Lo psicologo di origine tedesca Hans Eysenck ha contribuito in larga parte al progresso della comprensione psicologica della personalità. Nel suo libro pubblicato nel 1967 intitolato *"Dimensioni della personalità"*, scrisse che la personalità contiene due dimensioni: l'estroversione e il nevroticismo (la tendenza a provare sentimenti negativi). In seguito, negli anni 70, Eysenck aggiunse una terza dimensione al suo modello: lo psicoticismo (la vulnerabilità verso comportamenti impulsivi, aggressivi o di bassa empatia.).

In accordo con il suo modello dei tre fattori, qualunque individuo può essere catalogato in alto o in basso in qualunque dimensione prestabilita. Ad esempio, uno potrebbe essere basso in estroversione (in altre parole, essere un introverso), alto in nevroticismo e basso in psicoticismo.

Oltre a proporre le tre dimensioni, cercò anche di spiegare perché alcune persone avevano certe personalità. Spiegando l'introversione-estroversione, Eysenck suggerisce che le persone sono più o meno estroverse a seconda dell'eccitazione corticale nel cervello. Affermò che *"gli introversi si caratterizzano per avere maggiori livelli di attività corticale rispetto agli estroversi."* Dati i livelli più alti di eccitazione nei cervelli introversi, concluse che gli introversi cercano meno stimoli, meno interazione sociale, meno attività, più solitudine e più tranquillità.

Questo fu uno dei primi tentativi di spiegare la causa della personalità da un punto di vista biologico e diede agli scienziati una teoria misurabile e che poteva essere messa alla prova tramite esperimenti controllati. Nei capitoli successivi vedremo i risultati degli studi che sono stati realizzati per provare questa teoria.

Il modello "Big Five"

E' conosciuto anche come il modello dei *"cinque fattori."* Sebbene i concetti dietro questo modello si siano evoluti costantemente a partire dagli anni 30, l'applicazione del modello di personalità "Big Five" si è estesa fino all'inizio degli anni 80. Questo modello si basa sull'idea che ci siano cinque dimensioni della personalità:

- Apertura all'esperienza
- Scrupolosità
- Estroversione
- Cordialità
- Nevroticismo

Noterai che due delle dimensioni di questo modello (estroversione e nevroticismo) sono state prese dal modello dei tre fattori di Hans Eysenck. Allo stesso modo del modello di Eysenck, un individuo può avere un punteggio alto o basso in uno qualunque dei 5 grandi tratti della personalità, e il punteggio di ogni caratteristica è indipendente rispetto al punteggio delle altre.

I 6 Aspetti dell'introversione (Prova di personalità NEO-PI-R)

L'accettazione del modello di personalità Big Five nel decennio 1980 condusse allo sviluppo dell'inventario della personalità chiamato *"NEO Five Factor"*, creato nel 1985 da Paul Costa e Robert McCrae. Originariamente, Costa e McCrae cominciarono ad investigare solamente i fattori nevroticismo (N), estroversione (E), e apertura all'esperienza ("O" dall'inglese *"Open"*). Chiamarono questo inventario *"Neuroticism-Extraversion-Openness Inventory"* (NEO-I).

Questo inventario si ampliò per includere due fattori addizionali: amabilità (Agreeableness) e responsabilità (ConsciencIousness). Nel 1985 crearono il test di personalità di cinque fattori conosciuto come *"NEO Personality Inventory"* (NEO PI). In seguito questo modello venne rifinito e rinominato NEO-PI-R, dall'inglese *"NEO Personality Inventory Revised."*

In un intento di perfezionare il modello, Costa e McCrae riesaminarono le prove NEO e migliorarono il modello includendo 6 aspetti all'interno di ognuno dei 5 grandi tratti della personalità. I 6 aspetti di introversione/estroversione sono i seguenti.

Cordialità: Questo aspetto misura la facilità o difficoltà di conoscere qualcuno, e se le persone si sentono a proprio agio con qualcuno che non conoscono. Le persone che hanno punteggi alti nell'introversione tendono ad avere difficoltà a conoscere gente nuova all'inizio, ma possono sentirsi abbastanza a proprio agio quando la conoscono già.

Gregarietà: Questo aspetto misura la capacità e l'entusiasmo di trovarsi in situazioni sociali, compreso il trovarsi con altre persone e conoscere gente nuova. Le persone che hanno punteggi alti nell'introversione tendono a preferire la solitudine o la tranquillità, e si sentono a disagio tra le grandi folle.

Positività: Questo aspetto misura la capacità di esprimersi per accertarsi che vengano soddisfatte le proprie necessità. Le persone che hanno punteggi alti nell'introversione tendono a non parlare delle proprie necessità, e aspettano pazientemente che altri li aiutino per primi.

Attività: Questo aspetto misura il desiderio e l'inclinazione della persona a scegliere uno stile di vita frenetico. Non sorprende che gli introversi tendano a preferire uno stile di vita più rilassato e meno attivo, dato che tendono a reagire più lentamente agli eventi.

Ricerca di emozione: Questo aspetto misura la necessità di essere stimolati e correre rischi. Le persone che hanno punteggi alti nell'introversione tendono ad evitare le emozioni e i comportamenti rischiosi, preferendo la sicurezza e una routine tranquilla.

Emozione positiva: Questo aspetto misura la facilità o difficoltà di esprimere felicità o allegria. Curiosamente, questo aspetto non misura se si è davvero felici, piuttosto se lo si esprime esteriormente. Le persone che hanno punteggi alti nell'introversione possono essere felici, ma tendono a tenerlo per sé.

Gli studi hanno dimostrato che il modello di personalità *"Big Five"* originale e il NEO-PI-R sono accurati e applicabili a differenti culture. Un fatto curioso notato dai ricercatori è stato che gli introversi presi in esame, con il tempo tendevano ad ottenere punteggi differenti in momenti diversi della vita, dimostrando che il livello di introversione non è costante durane il corso della vita.

Come avrai visto, gli ultimi 35 anni riflettono gli sforzi della psicologia di definire l'introversione-estroversione in modi differenti, tuttavia fortunatamente negli ultimi anni i ricercatori sono stati sempre meno interessati a costruire nuove teorie per classificare la personalità, e si sono concentrati in ricerche quantitative volte a misurare realmente le differenze tra introversi ed estroversi. Questi nuovi studi includono ricerche che prendono in considerazione:

- La genetica degli introversi e degli estroversi.
- La funzione cerebrale degli introversi e degli estroversi.
- Il temperamento e il comportamento degli introversi e degli estroversi.
- Si è cercato anche di determinare se gli estroversi siano più felici degli introversi.

Lo studio dell'introversione si trova al momento in uno stato di crescita massiva. Si realizzano continuamente ricerche nuove e innovatrici che ci permettono di migliorare la nostra comprensione di ciò che significa essere una persona introversa. Nei capitoli seguenti daremo un'occhiata più da vicino alla scienza che sta alla base degli introversi, inclusi alcuni degli studi più recenti, e ciò che è stato scoperto sulla genetica degli introversi, il cervello, il comportamento e la felicità.

Capitolo 6

LA SCIENZA DEGLI INTROVERSI

"I saggi parlano perché hanno qualcosa da dire. Gli stolti perché hanno da dire qualcosa." - Platone

Sebbene le teorie psicologiche sulla personalità siano interessanti da un punto di vista accademico, le domande pratiche sono quelle che ci permettono di capire e imparare: *la scienza appoggia queste teorie? Gli scienziati hanno scoperto differenze fisiologiche o biologiche tra introversi ed estroversi? Sono state trovate differenze genetiche?*

Avrai sicuramente notato che nonostante quello che abbiamo imparato sulla personalità ambiversa, il posto che si occupa nello spettro dell'introversione-estroversione è abbastanza fisso e non è qualcosa che possa essere modificato in maniera significativa e duratura. Ad esempio, se devi prepararti per una grande festa o un evento, puoi farlo, ma dopo ti sentirai sfinito. Per quanto ci proviamo, a volte semplicemente non possiamo cambiare il modo in cui siamo collegati. Sebbene alcuni fattori come la fiducia in se stessi, il sentirsi a proprio agio con il proprio gruppo sociale e la salute possano svolgere un ruolo riguardo a come ci si sente durante le interazioni sociali (ti ricaricano o ti fanno consumare energia), è la tua composizione mentale quella che maggiormente determina la tua posizione dello spettro.

Come ti ho già anticipato nei capitoli precedenti, a questo punto non dovrebbe sorprenderti sapere che esistono differenze significative nel modo in cui introversi ed estroversi elaborano gli stimoli, e questo è un fattore importante che contribuisce al fatto che le persone abbiano distinte preferenze sociali. Fortunatamente, grazie ad alcuni studi scientifici ora è possibile osservare e quantificare queste differenze.

Durante gli ultimi due decenni, gli scienziati hanno lavorato per rispondere a questo tipo di domande e sono arrivati ad alcune conclusioni interessanti che esamineremo di seguito.

La corteccia prefrontale

Nel 2012, lo psicologo di Harvard Randy Buckner realizzò uno studio per cercare le differenze tra la struttura del cervello degli introversi e quella degli estroversi. Buckner e il suo gruppo scoprirono che i soggetti dello studio che si identificavano come introversi avevano una materia grigia più spessa in alcune aree della corteccia prefrontale, mentre coloro che si identificavano come estroversi tendevano ad avere una materia grigia più sottile in quelle stesse aree prefrontali.

Per contestualizzare quanto abbiamo detto, devi sapere che la corteccia prefrontale è l'area del cervello responsabile di funzioni come il pensiero astratto, la pianificazione, il processo decisionale, la capacità di attenzione e la focalizzazione. La materia grigia più spessa nella corteccia prefrontale è correlata direttamente ad una maggior capacità intellettuale e ad una maggiore abilità cognitiva per quello che riguarda tutte queste funzioni.

Questi risultati hanno molto senso visto quello che già sappiamo sugli introversi e sugli estroversi, e possiamo trarre una conclusione definitiva dallo studio. Gli introversi hanno una materia cerebrale naturalmente più densa nell'area del cervello associata con i comportamenti tipici introversi. In altre parole, il cervello introverso enfatizza la pianificazione, l'analisi, la focalizzazione e l'introspezione perché dedica a questi aspetti maggiori capacità intellettuali. Questa è una differenza fisica reale nella struttura del cervello.

Ma a che ci serve questa conclusione?

Bene, ci aiuta a capire i comportamenti associati ai due estremi dello spettro.

Probabilmente ti sarà capitato di sentire la frase *"vivere l'attimo"* o una qualche sua variazione. La società occidentale l'ha accettata come comportamento ideale e come una parte importante dell'essere felici e vivere la vita al massimo. Come risultato, la tua propensione a vivere l'attimo può essere messa in relazione alla tua posizione nello spettro sociale e alla corrispondente densità della materia cerebrale nella corteccia prefrontale. Dato che gli estroversi non dedicano molte risorse neuronali all'analisi e al processo decisionale, possono essere più reattivi all'ambiente e gli risulta più facile vivere l'attimo, dato che il loro cervello è predisposto per reagire all'ambiente invece di analizzarlo, pianificare, concentrarsi e meditare come fa invece la struttura cerebrale introversa.

Gli introversi, nel frattempo, spesso devono lottare per essere all'altezza di questo ideale sociale occidentale. A causa della loro corteccia prefrontale più spessa, gli introversi dedicano più risorse mentali alla riflessione astratta, alla pianificazione e al processo decisionale, ovvero, tutte le attività che sono definitivamente assenti dall'idea occidentale di vivere l'attimo.

Questo spiega anche perché gli introversi, socialmente parlando, si stancano più rapidamente, e dipende dal fatto che c'è sempre un lavoro cognitivo di grande intensità in risposta agli stimoli. Per un introverso una festa non è solo una festa, una festa è un'analisi delle persone, dell'ambiente, delle conversazioni e una catena interminabile di decisioni da considerare. Ad una festa, un estroverso si gode l'attimo, mentre un introverso non può evitare di destrutturarla in tanti pezzi.

Questa scoperta può anche aiutarci a spiegare il ruolo che l'alcol può giocare per le persone molto introverse che scelgono di berlo. L'alcol spesso viene considerato un lubrificante sociale, ma indebolisce l'atto decisionale e le capacità di analisi critica (Abernathy, 2010). Di fatto, dopo numerosi studi sul comportamento nei quali gli scienziati hanno scansionato il cervello delle persone mentre bevevano alcol, ora è ampiamente accettato il fatto che l'alcol è direttamente responsabile della riduzione dell'attività neuronale nella corteccia prefrontale. L'alcol può portare le persone ad essere momentaneamente più in sintonia con l'ambiente e a passare meno tempo nella propria testa, ovvero, essenzialmente fa in modo che ci comportiamo e ci sentiamo più estroversi di quello che normalmente siamo.

Anche la meditazione permette di raggiungere il risultato desiderato da quegli introversi che cercano di evitare la sensazione di sentirsi intrappolati dentro la propria testa mentre analizzano e fanno introspezione, incapaci di vivere il momento. E' stato dimostrato che la meditazione di piena attenzione indebolisce i collegamenti tra l'amigdala, la parte del tuo cervello responsabile delle emozioni, e la corteccia prefrontale. Questo serve ad aumentare la consapevolezza sulla natura dei propri pensieri e raggiungere un maggior controllo su di essi, migliorando il proprio benessere nel processo. In altre parole, ti permette di rilassarti e focalizzare i tuoi pensieri da una prospettiva più tranquilla.

La meditazione non è utile solo per ottenere un maggior controllo sulle tendenze introverse. Gli studi hanno riscontrato che la pratica regolare di meditazione in realtà può aumentare la densità della materia grigia nella corteccia prefrontale. In altre parole, è possibile migliorare la tua capacità di concentrazione, pianificazione e processo decisionale tramite la meditazione.

Con questa conoscenza, sembra che a volte la nostra posizione nello spettro introverso/estroverso non sia tanto statica come avremmo potuto pensare.

Condizionamento associativo

Il secondo argomento a sostegno dell'idea che gli introversi vivono più nella loro testa che all'esterno proviene da uno studio realizzato nel 2013 da Richard A. Depue e Yu Fu nell'Università di Cornell. I ricercatori hanno selezionato 70 uomini giovani, un misto di introversi ed estroversi, in base ad un test di personalità standard, e in seguito li hanno divisi in due gruppo casuali.

Al primo gruppo è stato somministrato il metilfenidato (MP), conosciuto anche come Ritalin, uno stimolante del sistema nervoso centrale che di solito si usa per trattare il disturbo di deficit di attenzione e iperattività (TDAH) aumentando la produzione di dopamina e norepinefrina nel cervello.

Il secondo gruppo ha fatto da campione di confronto e gli è stato somministrato un placebo. Ad entrambi i gruppi sono stati mostrati dei filmati in un ambiente di laboratorio e hanno ricevuto il Ritalin o il placebo durante i primi tre giorni, mentre il quarto giorno non gli è stato somministrato nulla.

Nel corso dello studio, i ricercatori hanno misurato la forza con la quale i partecipanti associavano i filmati con l'ambiente analizzando alcuni tratti subconsci, come la memoria di lavoro, la velocità con la quale si toccavano le dita e il comportamento in generale. Un'esperienza positiva (in questo caso, il rilascio addizionale di dopamina causato dal Ritalin) porta a movimenti più rapidi, maggiore memoria, migliore attenzione visiva e un'attitudine più positiva.

Gli estroversi che avevano assunto il Ritalin durante i primi tre giorni di studio non hanno mostrato cambiamenti significativi nel comportamento quando guardavano i filmati, sia che avessero assunto il farmaco o meno. Neanche gli estroversi del gruppo di controllo hanno reagito in modo differente quando è stato eliminato il placebo. Questo era esattamente il risultato che si aspettavano i ricercatori.

Il fenomeno in gioco per gli estroversi che avevano fatto parte del gruppo che aveva assunto il Ritalin si chiama condizionamento associativo e si spiega in questo modo: stimolando il sistema di ricompensa della dopamina nei partecipanti durante i primi tre giorni di assunzione del Ritalin, al quarto giorno, gli estroversi del gruppo erano stati condizionati ad associare l'ambiente (il laboratorio e i filmati) con la loro ricompensa (la dopamina), anche quando la ricompensa non era presente in forma di Ritalin.

E per quello che riguarda gli introversi?

Bene, come c'era da aspettarsi, il gruppo di controllo non ha mostrato cambiamenti quando è stato eliminato il placebo. Tuttavia, quando i ricercatori hanno valutato i soggetti introversi del gruppo che aveva preso il Ritalin, hanno scoperto che mostravano poche tracce o nessuna di condizionamento associativo (a differenza degli estroversi). Dopo tre giorni nei quali avevano sperimentato alti livelli di dopamina mentre guardavano i filmati, una volta eliminata la fonte di dopamina sono spariti anche tutti i cambiamenti comportamentali associati.

In altre parole, gli estroversi associavano l'ambiente alla ricompensa (dopamina), mentre gli introversi non lo facevano.

Il gruppo di ricerca di Cornell ha concluso di aver dimostrato una differenza cruciale nel modo in cui introversi ed estroversi processano gli stimoli, nello specifico i sentimenti di eccitazione.

I sentimenti positivi e il divertimento alla vista dei filmati sperimentati dagli estroversi che avevano assunto il Ritalin erano stati immediatamente associati all'ambiente, mentre gli introversi avevano sperimentato reazioni più leggere ai filmati, o anche nessuna reazione, perché non li avevano associati al sentimento di ricompensa.

Come ha detto uno degli autori dello studio, Richard A. Depue: *"Ad un livello più ampio, lo studio comincia a fare luce sul modo in cui le differenze individuali nel funzionamento cerebrale interagiscono con le influenze ambientali per creare una variazione comportamentale."* Per gli introversi, i segnali interni hanno un impatto molto più forte sullo stato d'animo rispetto alle influenze ambientali e ai segnali di ricompensa. E' per questo che gli effetti del condizionamento associativo del Ritalin sono stati evidenti solo negli estroversi.

Per capire quanto può essere potente il condizionamento associativo, prendiamo ad esempio Helen, una paziente anziana che soffriva di Alzheimer. Helen era un'estroversa completa, una donna italiana rumorosa e orgogliosa, la cui battaglia di più di un decennio con la demenza l'ha condotta alla fine alla morte. Negli ultimi anni della sua vita, Helen aveva dimenticato quasi tutto ciò che aveva saputo, ed era diventato sempre più difficile aiutarla a sentirsi felice e a suo agio. Tuttavia, quando tutto il resto aveva ormai fallito, coloro che la assistevano hanno fatto un'ultima cosa per aiutarla ad avere uno stato d'animo più positivo. Hanno messo un DVD del suo programma televisivo preferito, Colombo, un vecchio telefilm poliziesco con episodi che solitamente duravano più di un'ora. La sua memoria a breve termine durava solo per pochi minuti in quegli ultimi giorni, ma anche così rimaneva seduta durante tutto l'episodio, ridendo delle frasi di Colombo ed emozionandosi quando alla fine catturava l'assassino, anche se non riusciva a seguire la trama e nemmeno ricordare il nome del programma.

Dopo anni passati a guardare ed amare il telefilm di Colombo, i sentimenti di felicità e benessere associati ad esso avevano condizionato profondamente la sua mente fino al punto che anche quando il suo cervello era ormai logoro, il condizionamento associativo continuava. Ormai possiamo solo domandarci quanto sarebbero stati diversi gli ultimi anni di Helen se fosse stata molto introversa.

Cosa significa tutto questo per noi e per la nostra vita quotidiana?

Questo rinforza la nostra conclusione precedente che gli estroversi vivono l'attimo più che gli introversi. Mentre gli introversi analizzano e rispondono a stimoli interni, gli estroversi dipendono di più dall'istinto, e ciò porta al fatto che l'ambiente che li circonda ha un'influenza maggiore su quello che vivono e provano.

Senza dubbio possiamo apprendere molto su una persona studiando ciò che la motiva e quali ricompense e stimoli cerca per se stessa. Per gli estroversi, queste ricompense possono essere spesso cose come avere collegamenti più positivi, vivere avventure ed essere stimolati positivamente dall'ambiente, mentre gli introversi tendono ad essere più motivati dai sentimenti di soddisfazione e gratificazione.

Eccitazione basale

Un'altra delle conclusioni di Eysenck sui cervelli dei differenti tipi di personalità fu che esistono differenti livelli basali di eccitazione corticale, ovvero, il grado in cui le nostre menti si muovono e vengono stimolate. Il cervello di un introverso ha un livello più alto di eccitazione iniziale o, in altre parole, è costantemente occupato e non si spegne mai.

Per capire meglio useremo una metafora. Pensa al cervello come ad un generatore di energia. Ora immagina che ci siano due generatori di energia (due cervelli), uno dei quali funziona ad un livello base di 500 watt mentre si trova in modalità stand-by, e l'altro funziona ad un livello base di 50 watt quando si trova in modalità stand-by. Qual è la causa di questa differenza? La spiegazione più semplice è che i due generatori sono disegnati sulla base di progetti differenti.

Ora supponiamo che entrambi i generatori di energia vengano sovraccaricati e smettano di funzionare quando arrivano ad un livello di 1000 watt.

Come potrai supporre, l'introverso è il generatore di energia che funziona ad un livello base di 500 watt, e questo significa che è sempre attivo, allerta e impegnato ad analizzare. Sfortunatamente, è anche più vicino al limite di 1000 watt, quindi può essere sopraffatto e sovraccaricato più facilmente, quindi deve fare attenzione alla quantità di stimoli che riceve, altrimenti potrebbe fondere i circuiti e disconnettersi dall'ambiente circostante. Per gli introversi, l'eccesso di stimoli può essere troppa interazione sociale, conversazione o la presenza di persone in generale.

Gli estroversi, invece, possono sopportare di essere circondati da gente e rumori forti. In fin dei conti, partono da soli 50 watt. Non hanno bisogno di tempo per disconnettersi e ricaricarsi da soli dopo le interazioni sociali. Al contrario, essendo poco stimolati, cercano attivamente ambienti stimolanti per aumentare il loro livello di eccitazione.

A questo punto è importante riconoscere che non è necessariamente un aspetto positivo che il cervello di un introverso abbia un maggior livello di eccitazione basale. Diresti che chi si stressa più facilmente è più intelligente? Assolutamente no. Di conseguenza, questa è una caratteristica che ha aspetti positivi e negativi.

Per riassumere, gli introversi devono sforzarsi un po' di più per mantenere bassi i propri livelli di eccitazione perché partono da un livello differente rispetto agli estroversi, e il tempo che trascorrono da soli è uno degli strumenti migliori per evitare il sovraccarico. D'altra parte, gli estroversi hanno più libertà di azione nelle situazioni sociali, e questo li porta a goderne di più.

Sistema di attivazione reticolare

Il sistema di attivazione reticolare (RAS dall'inglese) è responsabile di regolare i livelli di attenzione ed eccitazione, e conferma le scoperte di Eysenck. Gli introversi hanno un alto livello di attività nel RAS, quindi non hanno bisogno di nessun altro stimolo per mantenerlo in funzione. Altri studi hanno scoperto anche che il RAS può predire quanto uno sia introverso o estroverso. Se hai un RAS molto attivo, è probabile che tu risponda con maggiore intensità agli stimoli esterni. In questo senso, Eysenck ideò quella che oggi è conosciuta come *"la prova del succo del limone"*. La teoria suggerisce che, se il RAS di una persona è più sensibile e ha un maggior livello di attività, quando gli verrà versato del succo di limone sulla lingua si produrrà più saliva rispetto a qualcuno con un RAS meno sensibile. In altre parole, più è forte la salivazione, più è probabile che tu sia introverso dato che hai un maggior livello di eccitazione e reazione agli stimoli esterni.

E com'è andato il test? Effettivamente, gli introversi dello studio hanno prodotto un 50% in più di saliva degli estroversi. Questo risultato ha grandi implicazioni per la nostra comprensione. Il fatto che qualcosa di così piccolo come le gocce del succo di limone possa innescare livelli di reazione tanto differente, dimostra l'importanza dei livelli iniziali di eccitazione... E una goccia di succo di limone non è nulla in confronto ad un evento sociale sfrenato e pieno di gente.

Questo pone l'introverso in una luce totalmente diversa e più comprensibile. Ciò che l'estroverso riesce appena a sentire, l'introverso lo sente 10 volte tanto. Pensa solo all'introverso e all'estroverso ad una festa. Una semplice conversazione avrà un impatto maggiore sull'introverso dato il suo maggior livello di eccitazione iniziale. Tutti gli stimoli funzionano con lo stesso principio del succo di limone. Gli estroversi hanno bisogno di uno stimolo molto più forte per reagire e, quindi, avranno bisogno di molto più succo di limone per produrre la stessa quantità di saliva.

Flusso sanguigno

Nel 1999, Debra Johnson e John S. hanno misurato il flusso sanguigno cerebrale di due gruppi di persone (introversi ed estroversi) tramite scansioni tomografiche ad emissione di positroni (PET), mentre i soggetti facevano qualsiasi cosa volevano, senza istruzioni.

Si è scoperto che gli introversi e gli estroversi avevano la stessa quantità di afflusso sanguigno verso il cervello, anche se in regioni molto differenti. I lobi frontali e il talamo anteriore del cervello degli introversi, associati al ricordare eventi, al pianificare e al risolvere problemi, avevano un maggior afflusso rispetto a qualsiasi altra parte. Questo significava che gli introversi preferivano interagire e parlare da soli piuttosto che con gli altri. Questa attività cerebrale conferma il comportamento tipico di un introverso.

Diversamente, gli estroversi avevano un maggior afflusso sanguigno nella circonvoluzione del cingolo anteriore, nei lobi temporali e nel talamo posteriore, aree del cervello coinvolte nell'interpretazione dei dati sensoriali. Gli estroversi avevano anche un minor afflusso di sangue nelle aree cerebrali associate con l'inibizione del comportamento. Questo indica che si concentrano nelle attività che li circondano, nelle persone che hanno intorno e non pensano a limitarsi o censurarsi. I loro cervelli sono progettati per scegliere l'attività di maggior impatto per aumentare i propri livelli di eccitazione.

Tutte le informazioni raccolte dalla ricerca mostrano una chiara differenza tra cervelli introversi ed estroversi. Da una parte, si hanno persone che non temono la sovresposizione e dipendono da fonti esterne per alimentare i propri livelli di eccitazione, dall'altro lato, persone che preferiscono essere caute e accertarsi di non essere sopraffatte e pensano due volte prima di agire.

Sostanze chimiche del cervello

La composizione chimica del nostro cervello è diversa per ognuno di noi, anche se l'elemento principale responsabile della differenza tra introversi ed estroversi è il neurotrasmettitore chiamato dopamina. I fatti più rilevanti per noi sono i seguenti:

- La dopamina può avere effetti differenti a seconda di quale neurone si attiva e di quale neurone riceve la dopamina.
- La dopamina viene liberata con sesso, droga e rock and roll.
- Si produce come retro-alimentazione per una ricompensa prevista. Ad esempio, se stai per divorare una fetta di torta al cioccolato, si produrrà dopamina.
- La dopamina si associa spesso con il piacere e con l'anticipazione del piacere, e si produce solo con lo scopo di fare in modo che il nostro cervello sappia che ciò che sta accadendo è una ricompensa.

A seconda della personalità dell'individuo, la dopamina può essere processata in modi differenti, ed è proprio quello che vedremo di seguito.

Gli estroversi desiderano la dopamina

Le ricerche hanno dimostrato che gli estroversi sono

meno sensibili alla dopamina rispetto agli introversi (Kaufman). Gli estroversi desiderano la dopamina e hanno bisogno di quantità maggiori per sentire i suoi effetti, di conseguenza hanno bisogno di più attività per crearla e processarla. E' come se le sensazioni fossero più deboli per gli estroversi, quindi cercano continuamente stimoli esterni per produrla. Questo concorda con i risultati che abbiamo visto in precedenza nella *"prova del succo di limone."*

Questa può essere la ragione per cui gli estroversi cercano attenzione e fanno attività stimolanti come essere il centro della festa, i pagliacci della classe o correre più rischi. E' anche probabile che gli estroversi cerchino il rischio esterno con attività come il paracadutismo o il salto dalle scogliere, in modo da ottenere un picco di dopamina nel cervello.

Gli introversi, d'altra parte, sono molto più sensibili alla dopamina. Non hanno bisogno di tante attenzioni o rischi per produrre la quantità di dopamina necessaria per provare piacere, e per questo possono desiderare di passare più tempo in solitudine e tranquillità. Il loro scopo principale è evitare di essere sopraffatti da un eccesso di dopamina e si isolano per ottenere questo effetto.

Per riassumere, gli introversi cercano di *"nascondersi"* dalla dopamina, mentre gli estroversi cercano di stimolarla.

Gli introversi desiderano l'acetilcolina

Immagina di esserti appena svegliato. Vai in cucina e ti prepari una tazza di tè caldo. Il primo sorso ti scalda dall'interno. Ti fa sentire rilassato, attento e contento. Lo stesso accade quando si libera un neurotrasmettitore chiamato acetilcolina. E' tutto il contrario dell'adrenalina. Quando si libera adrenalina, il corpo entra in modalità "lotta o scappa".

I tuoi sensi si amplificano, il ritmo cardiaco accelera e sei pronto per affrontare ciò che ti si para davanti. L'acetilcolina di fa uscire dalla modalità "lotta o scappa", ovvero, è come un soffio di aria fresca che ti aiuta a rilassarti e a far tornare le tue funzioni corporee ad uno stato normale.

Nel sistema nervoso centrale, anche l'acetilcolina è usata insieme al piacere e alle ricompense, anche se si tratta di un tipo di ricompensa diverso rispetto ai segnali della dopamina. L'acetilcolina ci fa sentire bene quando ci rivolgiamo verso l'interno e possiamo concentrarci su meno cose e con meno persone e ci fa sentire bene quando siamo rilassati. Partecipare ad attività di basso profilo, calmanti e mentalmente impegnative libera acetilcolina. Ad esempio, se ti piace sederti la sera a leggere il tuo libro preferito bevendo una cioccolata calda, questa sensazione piacevole proviene dall'acetilcolina e non dalla dopamina.

E' stato dimostrato che i cervelli introversi hanno un maggior flusso sanguigno nelle vie dell'acetilcolina, mentre gli introversi hanno lo stesso flusso nelle vie della dopamina (Fonseca). Gli introversi desiderano l'acetilcolina perché è la loro fonte più frequente di ricompense.

E' evidente che anche gli estroversi possono riflettere e perdersi nei propri pensieri, ma quella sensazione piacevole causata dall'acetilcolina impallidisce in confronto con la scossa che sperimentano con la dopamina.

Quindi, per ricordare le idee principali, gli estroversi caricano le proprie batterie quando hanno gente intorno, ovvero, la dopamina carica le loro batterie. Al contrario, gli introversi caricano le proprie batterie da soli, e quando ricevono la dopamina possono sovraccaricarsi ed esaurire la propria batteria sociale, quindi al suo posto cercano le ricompense offerte dall'acetilcolina. Affinché gli introversi siano felici e prosperino, devono semplicemente ridurre la dopamina che si libera nei loro cervelli, e questo li porta ad essere selettivi su quello che ascoltano e con chi interagiscono.

Ma a cosa ci serve questa conoscenza sulle diverse vie di ricompense?

Bene, se sei un introverso, sai già che hai una maggiore sensibilità alle situazioni sociali, per gentile concessione della tua alta sensibilità alla dopamina. Se anche trovare una caverna e isolarti potrebbe essere d'aiuto, non sempre è la scelta più pratica (o più salutare). Sii selettivo con le tue interazioni sociali e cerca di capire cosa realmente ti sfinisce. Assicurati di trarre piacere dal dolce splendore dell'acetilcolina, che è quello che ti renderà davvero felice. Non cercare di fare una cattiva imitazione di un estroverso, perché biologicamente non sei progettato per ottenere felicità da quei comportamenti.

Invece, se sei estroverso, cerca di ottenere la maggior interazione sociale possibile. Fatti nuovi amici, pianifica attività divertenti e corri dei rischi. Questa è la tua strada e ricaricherà le tue batterie. Gli introversi e gli estroversi sono chi sono in base a queste differenze chimiche, e il loro comportamento va oltre le preferenze e la personalità...è letteralmente programmato nel nostro cervello.

Differenze genetiche

Gli scienziati hanno scoperto che si ereditano vari aspetti della personalità, e se sei introverso, probabilmente hai ereditato l'introversione da uno dei tuoi genitori. Secondo uno studio realizzato da T. Bouchard e J. Loehlin nel 2001, pubblicato con il titolo *"Genes, evolution, and personality"*, introversione o estroversione sono *"moderatamente"* ereditarie, ovvero, sono costituite da un 45-50% dai geni. Un altro studio realizzato da K. Jang e W. Livesly nel 2002, intitolato "*Personality and Individual Differences*", ha riscontrato che anche gli aspetti delle dimensioni della personalità *"Big Five"* potrebbero essere spiegati dalla genetica, ma la genetica non è l'intera storia. In accordo con lo studio realizzato da Bouchard e J. Loehlin, l'effetto dei geni diminuisce con l'età, quindi l'introversione negli adulti potrebbe essere il prodotto delle influenze del comportamento, almeno fino ad un certo punto.

Tornando alla genetica, alcuni studi hanno suggerito che determinati geni individuali possono avere un'influenza diretta nell'introversione. Uno studio realizzato da X. Luo e H. Kranzler nel 2007, intitolato "*Biological Psychiatry*", ha identificato una possibilità nel gene ADH4. In questo studio, i ricercatori hanno osservato che erano già state identificate forti associazioni tra il gene ADH4 e la dipendenza da sostanze come alcol o droghe. Inoltre, hanno osservato che c'erano tratti specifici della personalità associati anche alla dipendenza da sostanze e hanno teorizzato che, di conseguenza, potrebbe esserci un legame tra i tratti specifici della personalità e il gene ADH4.

Nello studio del gene ADH4, i ricercatori hanno utilizzato un test della personalità di cinque fattori su 243 individui che avevano dipendenze da droghe e 296 soggetti di controllo senza dipendenze. Inoltre hanno genotipizzato 7 marcatori del gene ADH4 e 38 marcatori non relazionati in questi individui. Hanno trovato forti associazioni tra le caratteristiche della personalità come cordialità ed estroversione con certe parti del gene ADH4, e sono giunti alla conclusione che c'è una base genetica per i tratti della personalità come l'introversione.

Sfortunatamente, al giorno d'oggi non esiste un'opinione conclusiva sull'effetto della genetica sull'introversione, ma di certo arriverà presto il momento in cui la nostra conoscenza sulla relazione tra i geni e i tratti della personalità rivoluzioneranno il nostro modo di pensare ad essa.

Altre differenze

Finora abbiamo imparato quali sono le differenze nella struttura e nella chimica del cervello tra introversi ed estroversi. Tuttavia, ci sono altre differenze meno evidenti che definiscono una persona nello spettro della personalità ed esamineremo brevemente le più importanti.

Giudizio

Vediamo che dice il tuo istinto, sono più critici gli introversi o gli estroversi?

Se sei furbo, vedrai che tutti i segnali sono lì ad indicare che gli introversi sono più critici. Sono solitamente caratterizzati dall'essere focalizzati verso l'interno, analitici e più riservati. Inoltre, si annoiano e si stancano facilmente delle persone perché la loro batteria sociale è bassa, ma è anche probabile che credano che certe persone non valgano lo sforzo.

Uno studio realizzato nel 2006 da Boland e Queen ha messo alla prova questa teoria e in pratica ha confermato che gli introversi tendono ad esprimere giudizi sugli altri più facilmente. Lo hanno stabilito dimostrando come i partecipanti reagivano agli errori grammaticali e di stampa nella posta elettronica. Alcune delle mail non avevano errori, mentre altre erano piene. E' stato chiesto ai partecipanti di classificare gli autori delle mail con frasi come *"lo scrittore sembra simpatico"* o *"lo scrittore sembra interessante e affidabile."*

In precedenza, i partecipanti avevano completato un questionario di personalità che era una versione dei cinque tratti della personalità che sono stati precedentemente descritti: apertura, scrupolosità, estroversione, cordialità e nevroticismo. Ovviamente, per lo scopo dello studio, i ricercatori si sono concentrati sull'estroversione o sulla sua mancanza.

I ricercatori hanno scoperto che gli introversi erano molto più propensi degli estroversi a giudicare male le persone, dicendo che erano meno simpatiche, meno interessanti e meno affidabili in generale, in base agli errori di ortografia. Invece, gli estroversi hanno giudicato le mail senza errori e quelle piene di errori più o meno allo stesso modo.

La conclusione alla quale possiamo giungere è che gli introversi sono di fatto più critici e giudicano rapidamente qualcuno basandosi su poche informazioni o nessuna. Un errore di stampa può capitare per varie ragioni, e gli introversi non hanno concesso il beneficio del dubbio: semplicemente sono saltati alla conclusione che l'autore di tali errori di stampa fosse meno affidabile e meno simpatico.

E' evidente che gli introversi hanno tutte le caratteristiche di qualcuno che giudica rapidamente. Analizzano, osservano e tendono a pensare molto prima di agire. In altre parole, credono di prendere decisioni abbastanza intelligenti e misurate, e giudicano coloro che sembrano non fare lo stesso. Tecnicamente, per un introverso non pensare prima di agire non è un errore, ma un difetto.

Dipendenza da caffeina

Quanti di noi si definirebbero dipendenti dalla caffeina senza protestare? Se non la assumiamo per il cosiddetto stato di attenzione e rendimento, magari lo facciamo per il rituale e l'odore dei chicchi di caffè tostati.

Se ti classifichi come introverso e dipendente da caffeina, magari dovresti riconsiderare la tua strategia di risveglio la mattina. Una recente teoria ha suggerito che la caffeina in realtà può essere dannosa per il rendimento di un introverso e fare sì che si sovraccarichi come se la sua batteria sociale fosse del tutto esaurita e affaticata. Tenendo in conto le informazioni che abbiamo appreso leggendo il libro, questa non sarebbe poi una gran sorpresa.

Ricorda che gli introversi hanno un livello di eccitazione basale più alto. Questo significa che possono essere facilmente sovrastimolati, e hanno una minore tolleranza alle interazioni sociali.

Questa teoria non dovrebbe sorprenderci, perché la caffeina dà la stessa sensazione che gli introversi cercano di evitare quotidianamente. Metaforicamente parlando, è come se un introverso nel suo stato naturale stesse sperimentando gli effetti di due tazze di caffè senza aver bevuto nulla. La caffeina è una delle sostanze che, in teoria, li spingerà e li farà sentire sopraffatti e stanchi invece di aumentare lo stato di attenzione. Alimentare un introverso con un eccesso di caffeina è come sottoporlo ad una conversazione di un'ora, e l'unica cosa che otterrà sarà quella di disconnettersi, o quantomeno di diventare meno efficiente e più affaticato.

Personalmente ho verificato questa teoria, e ho scoperto che posso godermi una tazza di caffè da solo o con mia moglie, ma quando la prendo in un posto con molta gente... è una storia del tutto diversa. Gli stimoli si moltiplicano, soprattutto i suoni, e i miei sensi si sovraccaricano rapidamente e non posso concentrarmi su qualunque cosa io stessi facendo. Quindi, ti consiglio di fare delle ricerche su te stesso e usare la caffeina consapevole dell'effetto che potrebbe causare in una determinata situazione.

Velocità di reazione

Degli studi hanno dimostrato che gli introversi rispondono più rapidamente agli stimoli, ma più lentamente ai cambiamenti. Uno di questi studi è stato realizzato da C. Stauffer e R. Indermuhle nel 2012 e pubblicato su "*International Journal of Psychophysiology 86*", ed è stato progettato per esaminare degli studenti universitari che erano stati precedentemente valutati con dei questionari sull'estroversione. I ricercatori hanno fatto in modo che gli studenti vedessero su dei monitor delle serie di quadrati colorati, con ogni serie che mostrava 2, 4 o 6 colori diversi. I colori dei quadrati cambiavano il 50% delle volte e gli studenti sono stati collegati ad un elettroencefalogramma (EEG) per misurare i tempi di reazione dei loro cervelli per i diversi gruppi di quadrati.

Curiosamente, gli introversi presenti nello studio avevano i cervelli che reagivano in maniera più forte se i colori dei quadrati cambiavano. L'EEG ha mostrato anche che gli introversi studiavano gli stimoli più approfonditamente. Invece, quando si trattava di reagire ai cambiamenti nella configurazione dei colori dei quadrati (2, 4, o 6 colori), gli estroversi mostrarono una maggiore reattività, ovvero, erano più sensibili degli introversi ai cambiamenti dell'ambiente.

I cervelli introversi reagiscono letteralmente più rapidamente e più intensamente a qualunque tipo di informazione che ricevono, di conseguenza, non è strano che abbiano bisogno di allontanarsi da tutto per ricaricarsi. Questo spiega perché abbiano bisogno di tempo da soli, perché trovino che l'organizzazione sociale sia stancante e perché, di solito, tardano a reagire.

La parte più interessante di questo studio è stata la dimostrazione, tramite la misurazione dell'attività cerebrale, del fatto che non c'era alcuna differenza fisica o strutturale tra i cervelli degli introversi e quelli degli estroversi quando rispondevano allo stesso tipo di stimoli.

Nel capitolo seguente imparerai l'effetto che la tua personalità e la tua capacità sociale possono avere su qualcosa di così soggettivo come la felicità, e vedremo cosa dicono gli studi e le ricerche riguardo al fatto se ci sia o meno differenza tra la felicità degli introversi e quella degli estroversi.

Capitolo 7

FELICITÀ

Probabilmente il campo più curioso dello studio dell'introversione e dell'estroversione è lo studio di come si relazionano con la felicità.

La felicità può significare cose differenti per persone differenti. Per alcuni, la felicità è lo scopo ultimo della vita. Per altri, la felicità sta nel viaggio, e si sperimenta nei piccoli momenti che danno un senso alla vita. Tuttavia, indipendentemente dal significato, la felicità è un sentimento o stato di soddisfazione, piacere, allegria, realizzazione e benessere. La maggior parte delle volte si pensa che il temperamento di una persona sia la componente principale per misurare quanto questa sia felice. Coloro che hanno un temperamento equilibrato e coerente sperimentano stati emozionali stabili e coerenti, mentre coloro con temperamenti più instabili possono oscillare da uno stato emozionale volatile all'altro.

Sorprendentemente, la tua personalità in termini di capacità sociale sembra avere anche un marcato effetto sulla tua felicità in generale.

Ci sono differenze misurabili nella felicità tra introversi

ed estroversi? Gli psicologi hanno condotto molti studi negli anni per cercare una risposta a questa domanda e i risultati sono decisamente simili.

Probabilmente il tuo istinto ti starà dicendo che gli estroversi sono più felici. A questo punto sappiamo che gli estroversi hanno un desiderio innato di avere una maggior quantità e intensità di interazioni interpersonali. In generale, sono più attivi, cercano stimoli con più frequenza e hanno una gran capacità di allegria. Le persone che si identificano come estroverse spesso si descrivono come *"socievoli, attive, comunicative, orientate verso gli altri, ottimiste, amanti degli svaghi e affettuose"*. Invece, la descrizione tipica degli introversi comprende *"riservato, serio, distante, orientato verso il lavoro, solitario e tranquillo."*

Tra i due, ovviamente gli estroversi sembrano più attratti dalla felicità e dall'allegria, anche se magari esprimono semplicemente le loro emozioni in maniera più vivida, mentre gli introversi sono più riservati, e quindi danno l'impressione di essere meno felici.

Ancora una volta, un'indagine dopo l'altra, gli scienziati che studiano psicologia del comportamento hanno scoperto che gli estroversi si considerano più felici rispetto agli introversi. Tali studi possono essere interessanti, anche se non possiamo accettarli al valore nominale, dato che i risultati sono auto-referenziali, e gli estroversi sono intrinsecamente più propensi degli introversi a descriversi come felici.

Di solito, le indagini che hanno a che vedere con il tipo di personalità si concentrano sulle cinque caratteristiche di base della personalità che sono state esaminate e sviluppate da D.W. Fiske nel 1949, e che continuano ad essere largamente utilizzate ancora oggi. Queste caratteristiche sono:

Apertura all'esperienza: *Saresti disposto a metterti in gioco per una grande opportunità di lavoro se volesse dire trasfe-*

rirsi in una nuova città e iniziare da zero con una nuova cerchia di amici? E se dovessi andare ad una festa dove conosci solo il padrone di casa o magari nessuno?

Consapevolezza: *Quanto tempo passi a pianificare e organizzare la tua vita? Rifletti costantemente sui tuoi obiettivi e desideri personali, o preferisci essere te stesso e fare ciò che ti viene naturale, e lasciare che il resto si risolva da solo?*

Estroversione: *La socializzazione di solito ti riempie di energie o ti stanca? Preferisci gli stimoli esterni o passare molto tempo analizzando e facendo introspezione?*

Ovviamente, questa è la caratteristica della personalità che più ci interessa misurare, anche se non possiamo farlo senza considerare anche le altre caratteristiche.

Cordialità: *Tendi a trovarti bene con la maggior parte delle persone con le quali socializzi e preferisci sempre le interazioni positive? Sei solito contestare le persone quando vieni coinvolto? Preferisci rimanere distaccato e impassibile durante l'interazione sociale?*

Nevroticismo: *Sei sensibile a come le persone ti percepiscono e a quello che pensano di te? Ti innervosisce interagire con persone con le quali non ti senti a tuo agio? O, in generale, sei sicuro di te stesso e hai fiducia nelle interazioni sociali?*

Ryan Howell, uno psicologo dell'Università Statale di San Francisco, ha condotto uno studio che può fornire qualche informazione in più a questo riguardo. Sono stati identificati 754 studenti come più introversi o estroversi, e poi gli è stato chiesto di completare una serie di questionari sulla personalità, sulla soddisfazione nella vita e sui ricordi personali.

I risultati dello studio hanno mostrato che gli individui che si identificavano come estroversi erano più propensi a ricordare le cose positive del passato e a minimizzare quelle negative rispetto agli introversi presi in esame. Questa prospettiva positiva per quello che riguarda le esperienze passate dimostra il collegamento tra l'estroversione e una maggior soddisfazione nella vita.

Ma che possiamo concludere da questo?

I risultati di questo studio mostrano essenzialmente che gli estroversi hanno un segreto speciale per essere più felici e ottimisti*: dimenticano letteralmente le cose negative.* Gli estroversi sperimentano cose negative, ovviamente, ma o queste non rimangono nella loro memoria a lungo termine, o piuttosto scelgono di concentrarsi su ciò che è positivo. Questo concetto può essere particolarmente estraneo per gli introversi. Un introverso può pensare che sarebbe piacevole dimenticare momenti vergognosi o un trauma sociale, ma ricordare queste cose non sembra essere una scelta, e quindi possono ritrovarsi prigionieri della propria mente.

Non è raro che gli introversi ricordino i piccoli errori e i feedback sociali negativi in modi che li fanno sentire ancora peggio che nella realtà. Invece, questi stessi ricordi possono aiutare ad apprendere e sviluppare un temperamento equilibrato, permettendo di creare un potente filtro per quello che riguarda pensieri e azioni, cosa che in certi casi, soprattutto a livello professionale, può essere un vantaggio.

Quindi, dov'è il giusto equilibrio?

Sfortunatamente non esiste una risposta facile. Sembra che il meglio che gli introversi possano fare è comprendere che pensare alle cose negative del passato può solo aggravarne gli effetti nel presente, cosa che pregiudica le nostre possibilità di essere felici nella vita quotidiana. Quindi, anche se analizzare e apprendere dagli errori sembra un'ottima cosa in campo professionale, se l'obiettivo è la felicità probabilmente è meglio lasciarli andare.

La felicità e il comportamento

Abbiamo visto alcune prove del fatto che la mentalità degli estroversi porta ad una maggiore sensazione di felicità, ma per quello che riguarda il comportamento?

Anche gli psicologi Wido Oerlemans e Arnold Bakker hanno condotto uno studio che esplora il vincolo tra felicità ed estroversione, concentrandosi nelle diverse azioni ed eventi correlati alla felicità.

Per lo studio, hanno reclutato più di 1.300 persone, alle quali hanno chiesto di realizzare un controllo sulle proprie attività quotidiane e di descrivere le proprie sensazioni durante quei momenti. Quando sono arrivati alla fine, avevano raccolto dati per quasi 14.000 attività, e hanno scoperto che le differenti attività avevano un forte impatto sui livelli di felicità riportati da introversi ed estroversi.

Gli estroversi privilegiavano particolarmente le attività *"gratificanti"*, come ricevere la paga, fare esercizio o vincere una gara. Quando queste attività gratificanti si combinavano all'interazione sociale, il livello di felicità posteriore aumentava ulteriormente.

Al lato opposto dello spettro, si è scoperto che gli introversi che soffrono d'ansia e irritabilità sono più ricettivi ai castighi e ad altre situazioni negative, cosa che li rende più infelici. Gli estroversi si consideravano più emotivamente influenzati dalla positività e dalla felicità, mentre gli introversi erano più influenzati emotivamente dalla negatività e dall'infelicità. Questo è noto come *"modello di reattività affettiva"*, e descrive come la personalità influisce nella forza con cui si reagisce agli eventi positivi e negativi.

La teoria secondo la quale gli estroversi sono più felici come risultato dell'essere più recettivi alle ricompense, è stata pubblicata per la prima volta da Gray nel 1982 ed è stata appoggiata più tardi da Larsen e Ketelaar nel 1991 quando la loro ricerca ha scoperto che gli estroversi reagivano con più forza degli introversi alle situazioni positive. Metaforicamente parlando, è come se lo stato d'animo di un estroverso potesse innalzarsi ricevendo un gelato, mentre per innalzare lo stato d'animo di un introverso serve un pranzo di cinque portate.

Tenendo in conto che gli estroversi tendono a passare più tempo socializzando (andando alle feste, nei club o altre forme di riunioni) e partecipando ad altre attività gratificanti per loro, non è strano che si sentano felici più spesso degli introversi. Gli introversi, invece, probabilmente passeranno più tempo da soli rimuginando sui propri pensieri, cosa che a volte può portare su strade oscure.

Di fatto, uno studio realizzato nel 1985 da Headey ha scoperto che le persone giovani ed estroverse hanno maggiori opportunità di sperimentare eventi favorevoli, come ad esempio innamorarsi. E' importante notare che questa non è una dichiarazione per quello che riguarda la fortuna, ma per quello che riguarda la probabilità Gli estroversi partecipano a più interazioni ed esperienze in generale, quindi se ne deduce che avranno anche più esperienze positive.

Mettendo insieme le informazioni di tutti gli studi menzionati in questo capitolo, cosa possiamo dire sulla ricerca della felicità?

Bene, se sei un estroverso, sii te stesso e cerca costantemente il coinvolgimento sociale. Per quello che riguarda gli introversi, invece, se non volete aumentare il volume delle vostre interazioni sociali, potete cambiare l'efficacia dell'interazione comportandovi in maniera più simile a quella di un estroverso. Invece di analizzare e pensare troppo, cercate di vivere l'attimo e partecipare energicamente e con fiducia in voi stessi insieme alle persone che vi circondano. La gente vi accoglierà meglio, e vi sentirete letteralmente meglio cercando di impersonare queste caratteristiche. Tuttavia, ci sono alcune avvertenze che dovete considerare prima di agire come degli estroversi, e le vedremo più avanti nel capitolo *"Come sapere quando agire in modo più estroverso."*

Un altro fattore da considerare in questa grande equazione della felicità, è il ruolo che si accetta all'interno della società. Le società occidentali sembrano davvero valorizzare l'estroversione e i comportamenti associati ad essa piuttosto che l'introversione, quindi gli estroversi possono sentirsi naturalmente meglio sapendo che corrispondono al modello ideale. Logicamente questo funziona in maniera opposta per gli introversi, che potrebbero sentire il bisogno di cambiare o, peggio ancora, falsificare la propria personalità per essere accettati.

Tutto questo significa che gli introversi sono infelici?

Non necessariamente. Parte del problema sta nel fatto che gli estroversi e gli introversi reagiscono in maniera diversa agli eventi piacevoli. Quindi, anche se un estroverso può sentirsi *"felice"* quando è entusiasta, un introverso vedrebbe *"l'eccesso"* di emozione come sgradevole. In generale, gli introversi sentono che le cose vanno bene quando si sentono rilassati e pacifici.

Ora, in alcuni studi l'introversione è stata messa in relazione con disturbi dello stato d'animo, nello specifico con depressione e ansia, ma senza negare che possa esserci una correlazione tra gli introversi instabili e depressione e ansia, è anche vero che gli introversi emotivamente stabili non sono più vulnerabili alla depressione e all'ansia rispetto agli estroversi emotivamente stabili.

E' importante riconoscere che la felicità può essere influenzata da un gran numero di fattori che non hanno nulla a che vedere con l'introversione e l'estroversione. Ad esempio, se un individuo ha una forte consapevolezza di se stesso o anche se è cresciuto in una cultura relativamente felice, è probabile che durante la sua vita sia una persona felice. Essere introverso non significa necessariamente essere condannato ad una vita infelice. Gli introversi possono essere tanto felici quanto gli estroversi. Semplicemente, abbiamo un modo diverso di essere felici e dimostrarlo.

Evidentemente la felicità di un introverso è differente da quella di un estroverso. Ci piace cavalcare le onde della sottigliezza invece delle gigantesche onde dell'adrenalina. Ci piace addentrarci nella strana bellezza della solitudine. Ci piace esplorare la nostra mente e scoprire tesori nascosti in essa. In un mondo rumoroso di luci intermittenti da tutte le parti, la nostra immaginazione è un posto familiare in cui ritirarsi e sentirsi a casa. Dentro la nostra mente possiamo fare collegamenti e scoperte che ci illuminano dall'interno.

La solitudine è una fonte di felicità per gli introversi. E' dove possiamo immergerci profondamente nelle cose che ci rallegrano. E' una gioia silenziosa che viene insultata dagli applausi scroscianti e dalle percosse spesso associate alle parole. Si tratta meno di *"diversione"* e più di profondità e comprensione.

Il resto del mondo continuerà a cercare di insegnarci a *"rilassarci"* e *"unirci alla festa"*. Cercheranno di fare in modo che la nostra felicità sia più simile alla loro. Va bene così. Abbiamo colto il frutto della sorgente della vera gioia che alcuni non conosceranno mai.

Se sei un estroverso, credi davvero che saremmo più felici se fossimo come voi?

Come sapere quando agire in modo più estroverso

"La forza sta nelle differenze, non nelle similitudini." - Stephen R. Covey

Come abbiamo già visto, l'estroversione spesso viene considerata lo standard ideale della vita. Come risultato, praticamente gli introversi nascono credendo di dover essere più estroversi. Passiamo gran parte della nostra vita, convinti che indossare la maschera dell'estroversione sia il nostro biglietto per la popolarità, il successo e l'accettazione. Questo potrebbe essere vero in qualche modo, ma la realtà è che le cose che otteniamo *"fingendo"* spesso sono più dei pesi che delle ricompense.

Gli estroversi vogliono cose differenti da quelle che vogliamo noi. Un giorno ideale per la maggior parte degli estroversi probabilmente sarebbe drasticamente diverso dal giorno dei nostri sogni. Ciò che li riempi di energia ci scarica. Ciò che per loro è assolutamente naturale, può essere assolutamente sfiancante per noi.

Quando si tratta di agire in maniera estroversa, fingere potrebbe essere il biglietto di sola andata per una vita che detesti. Nonostante ci siano prove che certi comportamenti estroversi possano generare maggiori sensazioni di felicità, è importante ricordare che l'introversione è un orientamento. E' una parte intrinseca di ciò che siamo. Cercare di convertire gli introversi in qualcosa che non sono è controproducente e, secondo me, semplicemente offensivo.

Gli introversi e gli estroversi hanno necessità e desideri differenti. Nessuno è meglio dell'altro e, tuttavia, gli introversi vivono costantemente pensando che le loro caratteristiche innate siano inferiori. Questo non è affatto vero. Non abbiamo bisogno di essere *"riparati"* e convertiti in estroversi. Insistere perché le persone facciano cose che davvero non vogliono è sgradevole. Per essere giusti, molti estroversi hanno nobili intenzioni e non vogliono fare danni con le loro domande insistenti però, quali che siano i loro motivi, mi rifiuto di ricompensare un comportamento che mi fa stare male.

Quindi, ora che ho espresso la mia opinione al riguardo, rivediamo le avvertenze e le eccezioni.

La domanda più importante che devi farti prima di fingere

Ancora prima di pensare di comportarti come un estroverso ti prego di farti questa domanda fondamentale:

A lungo termine, questo mi avvicinerà o mi allontanerà dai miei obiettivi e valori?

Se la ricompensa è abbastanza grande, agire come un estroverso per un certo tempo può valere la pena. In altre parole, se fingere ti porta dove vuoi davvero essere in questa vita, allora fallo.

Ti raccomando calorosamente di fare prima una ricerca approfondita per accertarti che i tuoi desideri siano davvero tuoi. In una società che venera un ideale estroverso, è fin troppo facile adeguare i nostri sogni affinché si adattino a questo ideale.

Considera il prezzo

C'è un prezzo se si finge. Ci costa energia e tempo prezioso. Poco tempo fa un'amica molto cara mi ha detto quanto era difficile per lei fare un lavoro creativo dopo aver passato del tempo fingendo di essere estroversa. So esattamente a cosa si riferiva.

Ogni piccola goccia di energia che investiamo nella finzione significa che avremo meno energia mentale e fisica per altre cose, e queste altre cose potrebbero essere attività che ci portano gioia e soddisfazione.

Rifletti se il prezzo vale la pensa rispetto al risultato che otterrai. Se non è così, perché prendersi il disturbo?

Seguire il flusso

A volte, agire come estroverso è qualcosa di naturale. Molti introversi attraversano cicli di solitudine seguiti da brevi periodi di attività sociale. Quando i nostri livelli di energia sono al massimo, possiamo divertirci a giocare il ruolo di animale sociale per un certo periodo.

Magari ti piace immagazzinare tutta la tua energia sociale durante la settimana e poi vestirti da estroverso il sabato. In poche parole: se ti va bene ed è naturale, non conta come *"fingere."*

Qualunque introverso il cui scopo nella vita è diventare più estroverso, punta troppo in basso. Il mondo sarà un posto migliore quando gli introversi smetteranno di cercare di essere qualcosa che non sono e cominceranno ad abbracciare i doni della loro introversione.

Quindi avanti, ti invito a valutare se vale la pena fingere di essere estroverso in qualche situazione, e se non è così, allora esercita il tuo diritto a dire no alle esigenze estroverse e fallo senza sentirti in colpa. Questo è ciò di cui parleremo tra poco.

Di' semplicemente no

Viviamo in una cultura ossessionata dal multitasking e dalle distrazioni. La gente accumula responsabilità fino al punto di crollare e usiamo il simbolo del compromesso eccessivo con orgoglio. In un certo modo, il mondo ha confuso il trambusto con la produttività e sentirsi sopraffatti vuol dire essere adulti.

Anche noi introversi possiamo essere assorti dalla cultura della distrazione e possiamo ignorare il nostro innato bisogno di solitudine. Ci stanchiamo mentalmente e fisicamente mentre cerchiamo di mantenere il ritmo degli estroversi e, per adattarci, allunghiamo i nostri orari con lavori non necessari e compromessi sociali.

Come introversi, e come adulti responsabili del nostro corpo e della nostra mente, possiamo scegliere di non salire sul carro dei compromessi eccessivi, e il modo di farlo è rimpiazzando i nostri ansiosi e gentili *"sì"* con cortesi ma fermi *"no."*

Quanto più diciamo sì alle richieste degli altri, meno tempo abbiamo per la creatività, il pensiero critico e l'innovazione. Tuttavia, dire *"no"* è difficile. Abbiamo paura di essere considerati scortesi o egoisti se non accettiamo. Non vogliamo essere cattivi e non vogliamo causare conflitti. Di conseguenza, ci permettiamo di venire sopraffatti come tutti gli altri.

Curiosamente, dire *"no"* può essere un modo per dire sì a qualcosa di meglio. La nostra vita si definisce tramite le nostre scelte. Dobbiamo decidere cosa merita la nostra energia e la nostra attenzione in questo momento, e cosa no. Dobbiamo eliminare le erbacce perché le rose fioriscano.

Ci sono molti modi per dire *"no"*. Apparentemente, questa parola di due lettere ci crea tanta ansia che abbiamo bisogno di una guida per ammortizzare il colpo. La parola "*no*" può essere sostituita con frasi adulte come: "*ho altre priorità*" o "*mi piacerebbe ma non ho tempo*" o "*lasciamici pensare e ti risponderò appena possibile*". O se sei molto coraggioso, puoi lasciar perdere i lussi e le scuse e dire semplicemente di no. La parola "*no*" in se stessa è una frase completa. Probabilmente, più diciamo di no, più ci considereranno egoisti, noiosi, asociali e distanti, ma saremo più felici.

Capitolo 8

LEADERSHIP E RISULTATI

Esiste da lungo tempo la credenza che una personalità estroversa sia più efficace in un leader o in un capo. Gli estroversi di solito erano rappresentati come grandi capi che potevano controllare e ispirare una stanza piena di impiegati. Naturalmente dobbiamo immaginare che i leader siano persone che possono ispirare con il semplice suono della voce, come Martin Luther King. Jr.

Secondo un articolo del 2009 pubblicato sulla rivista *"Industrial and Organizational Psychology"*, i ricercatori clinici Deniz Ones e Stephan Dilchert hanno condotto un'indagine sul personale direttivo. I risultati di questa indagine hanno mostrato che il 96% dei leader e dei capi aveva comunicato di essere estroverso. Hanno scoperto anche che solo il 6% di questi considerava l'introversione come un vantaggio per i capi delle aziende.

E' giusto questo stereotipo?

Bene, nel mondo del XXI secolo il regno degli estroversi puri come leader migliori è terminato. L'estroversione non è necessariamente una buona qualità in un leader e dipende tutto dal contesto.

In uno studio del 2010, Adam Grant, Francesco Gina e David A. Hofman hanno esplorato il tema del tipo di personalità (introverso/estroverso) per determinare la sua efficacia nelle posizioni di leadership. Per il loro primo studio, hanno realizzato un'analisi sul campo su 130 franchising di pizza a domicilio in una città universitaria molto popolosa. I risultati hanno mostrato che i leader estroversi erano più efficienti in termini di rendimento rispetto ai leader introversi. Come mai?

In certi casi un'impresa ha bisogno di qualcuno che pensi rapidamente e che possa agire istintivamente. In questo scenario, i leader estroversi non si fermano ad analizzare la situazione. Questo tipo di leader va bene in campi molto esigenti e dal ritmo rapido, come un franchising, come nello studio sopra citato. Un ambiente frenetico e senza un momento di riposo o per ricaricare le batterie sociali è il territorio perfetto per un estroverso.

I leader estroversi hanno grandi vantaggi, soprattutto in ambienti lavorativi stressanti e aggressivi dove la comunicazione e la velocità sono fondamentali. Inoltre, possono essere d'aiuto per motivare i più passivi tra i loro dipendenti. A prima vista, si può assegnare ad un estroverso un'ottima qualificazione in leadership, anche se ti anticipo che non funziona universalmente bene. Come abbiamo detto in precedenza, dipende.

Una delle debolezze del leader estroverso è il fatto che potrebbe sentirsi minacciato dagli impiegati molto motivati. Il leader può credere che la sua posizione venga sfidata e che gli impiegati più proattivi e più auto-referenti possano attrarre grande interesse e attenzione. Come risultato, i leader estroversi possono scoraggiare gli impiegati motivati e quelli più proattivi. Per compensare la "*minaccia*", possono cambiare l'atmosfera da quella di una squadra ad una di subordinazione, paura e anche frustrazione. Sebbene l'assertività dei leader estroversi sia positiva, è possibile che seppellisca la creatività dei propri impiegati. Quindi, quando si tratta di una gestione efficace, il leader estroverso può non massimizzare la produttività reale del gruppo.

Nate G. è un buon esempio di leader estroverso. Era il capo del reparto di recupero crediti di una banca. Nate aveva stabilito un sistema di incentivi per i suoi impiegati, che venivano ricompensati mensilmente quando raggiungevano i loro obiettivi. Questo ha portato ad una diminuzione dei debiti pendenti da riscuotere e la sua ostinata insistenza nel fatto che i suoi dipendenti raggiungessero gli obiettivi era uno dei suoi principali punti di forza. Tuttavia, Nate aveva una debolezza: i suoi dipendenti avevano paura di lui. Sparivano dietro gli schermi dei computer ogni volta che lui passava per il corridoio. Il tasso di avvicendamenti del reparto era alto perché i dipendenti rinunciavano a causa dell'ansia e alla fine la banca ha cominciato a soffrire delle perdite perché doveva continuamente formare nuovi impiegati.

L'introverso è un leader migliore?

In uno studio successivo, Grant ha reclutato 163 studenti universitari. Il compito principale degli studenti era piegare quante più magliette possibile in dieci minuti. Questa volta i ricercatori hanno introdotto un'altra variante tra i partecipanti: passività/proattività. Hanno diviso gli studenti in due gruppi, membri passivi e membri proattivi. I membri passivi avevano leader estroversi e i membri proattivi avevano leader introversi.

Quello che è successo è che i leader introversi hanno detto ai partecipanti di utilizzare le proprie tecniche innovative per portare a termine il lavoro più rapidamente e i risultati di questo studio sono stati completamente differenti da quelli dello studio precedente. Il gruppo proattivo capeggiato da un leader introverso ha piegato il 28% in più di magliette rispetto a quello con il leader estroverso.

In questo caso, i leader introversi hanno permesso agli studenti di partecipare alla realizzazione del lavoro, hanno ascoltato i partecipanti, hanno mostrato di dare valore alle loro opinioni e hanno permesso di utilizzare la propria creatività per portare a termine il lavoro. In definitiva, in questo studio i leader introversi hanno evidenziato la propria capacità di leadership.

Evidentemente, in alcuni ambienti di lavoro i leader introversi saranno migliori, e tutto dipende dal contesto e dal lavoro che si ha tra le mani. Tuttavia, se sei un leader introverso, esistono degli inconvenienti se permetti alla tua introversione di prendere il controllo. Quando hai bisogno di *"inattività"*, il tuo primo istinto può essere quello di chiuderti in ufficio. Magari potresti anche metterti le cuffie e accendere la musica. Se capita questo, puoi inviare segnali ai tuoi dipendenti che gli facciano tenere per sé i propri commenti. Un esempio è Ted S., il tipico leader introverso. Era stato nominato capo del dipartimento vendite di una grande concessionaria, aveva fatto formazione ai suoi dipendenti, gli aveva insegnato ad inventare le proprie strategie e prendeva sempre in considerazione i limiti proposti dai clienti. Le vendite erano triplicate rapidamente. Tuttavia, è stato vittima della sua debolezza. A volte Ted vagava per il salone espositivo e i suoi dipendenti non riuscivano a trovarlo quando avevano bisogno della sua opinione. I suoi dipendenti hanno cominciato a riunirsi in gruppi, a parlare di lui alle sue spalle, e come risultato, Ted ha cominciato a perdere il rispetto di alcuni dei suoi subordinati.

Di conseguenza, sebbene sia importante massimizzare i propri punti di forza come introverso, è altrettanto importante sapere come possono influenzarti le tue debolezze.

Nel suo articolo pubblicato nel 2013 per *Psychological Science*, Adam Grant, famoso per le sue ricerche sull'estroversione e introversione nella leadership, ha realizzato uno studio sui leader di vendita in una compagnia di software. Per lo studio ha preso in considerazione tre tipologie di personalità: l'estroverso, l'introverso e l'ambiverso. Ricordiamo che l'ambiverso ha sviluppato la capacità di passare dallo stile di leadership estroverso allo stile introverso e viceversa.

I risultati dello studio si sono rivelati sorprendenti. Grant ha scoperto che il gruppo introverso guadagnava meno soldi, il gruppo estroverso ne guadagnava un po' di più, ma gli ambiversi guadagnavano il massimo.

In conclusione, Grant ha detto, *"Gli ambiversi raggiungono una maggior produttività nella vendita rispetto agli estroversi e agli introversi, dato che sono naturalmente coinvolti in uno schema flessibile di parlare e ascoltare. E' probabile che gli ambiversi manifestino abbastanza assertività ed entusiasmo per persuadere il cliente e chiudere una vendita, ma siano più inclini ad ascoltare gli interressi dei clienti e meno vulnerabili a sembrare troppo entusiasti o sicuri di sé. Il leader ha bisogno della capacità di adattarsi. I leader non hanno il lusso di ritirarsi nelle proprie zone di comfort di introverso o estroverso, quindi devono essere ambivalenti e avere un'attitudine flessibile a seconda della situazione."*

Concentrandosi esclusivamente sull'argomento della leadership, sebbene possa essere sgradevole cambiare il tuo schema di personalità, pensa alla soddisfazione che proveresti se riuscissi a passare dall'estroversione all'introversione per adattarti alle situazioni particolari che ti capiterà di affrontare. La leadership comprende ascoltare, preoccuparsi, confermare le inquietudini e stimolare la partecipazione degli impiegati. Comprende anche fare in modo che altri ascoltino la tua visione, seguano le tue istruzioni e siano produttivi. Tanto i leader estroversi quanto quelli introversi possono avere successo, a seconda del campo di lavoro, il livello di interesse, le abilità degli impiegati, l'ambiente di lavoro e l'appoggio dei dipendenti. Entrambi i tipi di leader hanno i propri punti di forza e le proprie debolezze peculiari, ma lo stile di leader più efficace è quello che ha la capacità di muoversi da un estremo dello spettro all'altro a seconda delle necessità.

Capitolo 9

RELAZIONI TRA PERSONALITÀ MISTE

Uno degli argomenti più interessanti per molte persone quando si parla di un comportamento estroverso e introverso, è come la loro personalità influenza l'amore e le relazioni. In altre parole, è meglio avere un compagno con una personalità simile? O ci sono maggiori benefici a stare con qualcuno che ha una prospettiva e uno stile di vita diverso?

Andando al nocciolo delle differenze tra introversi ed estroversi per quello che riguarda le relazioni, arriviamo ad un problema comune. L'estroverso vuole uscire e ricaricare la propria batteria sociale mentre la stessa cosa ha l'effetto opposto sull'introverso, che preferisce restare a casa e rinvigorirsi nella pace e nella tranquillità. L'estroverso vuole anche interagire costantemente e passare il tempo con l'introverso, che a volte ha bisogno di solitudine. Tenendo in conto queste prospettive opposte, vale la pena dare un'occhiata più approfondita.

Innanzitutto, è importante conoscere i limiti e le motivazioni degli altri. Per gli estroversi, quanto tempo possono passare in casa da soli o con il proprio compagno introverso, vedendo la televisione insieme, mangiando insieme o addirittura senza interagire? E per gli introversi, in una relazione, che grado di socializzazione è piacevole, o almeno gestibile, prima che diventi stancante e opprimente?

In un capitolo precedente abbiamo imparato che il semplice fatto di mostrare tendenze comportamentali estroverse, anche se si è introversi, può portare ad una maggior sensazione di felicità. Quindi, per gli introversi avere un compagno estroverso con il quale condividere esperienze sociali può essere un gran beneficio, sempre e quando il compagno estroverso realizzi la maggior parte della socializzazione e blocchi qualunque attenzione indesiderata verso l'introverso in modo da creare comodità e stabilità, permettendo all'introverso di sentirsi più rilassato e sicuro di sé nelle situazioni sociali. In questo modo, l'estroverso ottiene l'energia sociale di cui ha bisogno mentre l'introverso ottiene più sentimenti positivi dalle interazioni di quelli che prova di solito.

La cosa principale è che entrambi i membri della coppia comprendano le necessità del compagno e non la prendano sul personale quando queste necessità non si allineano con quello che vogliono. Non c'è alcun problema nascosto quando l'introverso non vuole partecipare ad una festa con gli amici del compagno estroverso, allo stesso modo in cui non c'è nulla di male quando l'estroverso decide di passare la serata socializzando con gli amici invece di vedere un film a casa.

La maniera migliore per trovare un equilibrio salutare è partecipare ad attività che contribuiscano agli obiettivi di entrambi. E' poco probabile che agli introversi piaccia passare ore in un bar affollato mentre gli estroversi possono tendere ad annoiarsi in situazioni con meno requisiti sociali o stimoli. Quindi, qual è l'ambiente giusto? I compromessi possono variare da andare per negozi, viaggiare insieme, giocare ai videogiochi, andare al cinema invece di vedere film a casa, o anche dedicarsi ad interessi differenti mentre si gode della presenza dell'altro stando nella stessa stanza.

Ci sono molti modi nei quali una coppia di personalità miste può passare il tempo insieme mentre ognuno soddisfa le proprie necessità. Prendiamo ad esempio il viaggio. L'introverso può godere della pianificazione dei dettagli del viaggio: prenotare il volo, leggere le recensioni per trovare l'alloggio perfetto ecc. Arrivati a destinazione, l'estroverso può allentare la pressione sociale dell'introverso chiacchierando tranquillamente con il tassista o con altri turisti con la speranza di fare nuove amicizie con cui dividere le avventure. In questo modo, l'esperienza del viaggio può essere positiva per entrambi, dato che passano più tempo facendo le cose che gli piacciono mentre ognuno realizza le attività che l'altro considera meno desiderabili.

Sebbene avere in comune molti tratti della personalità può rendere una relazione più facile, sono le differenze quelle che la rendono molto più interessante e preziosa. In generale, una coppia complementare può permetterti di fare ciò che sai fare meglio senza preoccuparti di quello che non ti piace.

Stress e sostegno emozionale

Uno dei problemi che separa le coppie con personalità miste è il modo in cui affrontano lo stress e la negatività. Uno studio del 2007 realizzato da Lesley Verhofstadt suggerisce che gli introversi tendono a non cercare appoggio sociale quando sono stressati. Da questo si può dedurre che gli introversi possano, quindi, essere meno disposti a offrire appoggio emozionale quando il loro compagno ne ha bisogno, o perché non capiscono la necessità o semplicemente perché non hanno molte abilità di comunicazione per esprimere bene il proprio appoggio emozionale, o entrambe le cose.

Gli introversi hanno una tendenza naturale ad interiorizzare di più, quindi riescono a zittire ciò che gli dà fastidio o cercare altre soluzioni alla propria negatività, in un intento di evitare ciò che potrebbe essere visto come un confronto non necessario, o semplicemente per preservare la propria limitata batteria sociale. In questi casi è probabile che gli estroversi debbano fare leva e guidare il proprio compagno introverso se vogliono avere una comunicazione più aperta.

Tutto questo non significa che le relazioni tra personalità miste possano avere successo solo se l'introverso diventa più estroverso. La chiave di qualunque tipo di relazione è l'equilibrio e questo significa che l'introverso deve avere un tempo sufficiente di inattività per sentirsi pieno di energie e l'estroverso deve avere sufficienti interazioni sociali per sentirsi pieno di energia, e tutto questo senza che nessuno si senta ferito.

Nei capitoli seguenti apprenderai delle tecniche pratiche per ottimizzare la tua energia introversa e per avere successo in una società estroversa.

Capitolo 10

I 3 MODI MIGLIORI PER OTTIMIZZARE LA TUA ENERGIA INTROVERSA

"Trascorri il tempo libero come più ti piace, non come ti senti obbligato a fare." – *Susan Cain*

Per proteggere la nostra energia introversa, dobbiamo essere bravi a mantenere la nostra vita il più efficiente possibile, scegliendo i nostri impegni e le relazioni in maniera intelligente. Di seguito, ti fornirò i miei consigli migliori per ottimizzare la tua energia.

Ottimizza la tua vita

Gli introversi tendono a distinguersi in ambienti che danno spazio al silenzio, allo spazio vitale e alla riflessione. Una vita piena di troppi obblighi inutili e interazioni sociali, esaurirà rapidamente la tua energia.

Prenditi un momento per scrivere una lista di tutte le persone, i luoghi e gli obblighi della tua vita che ti fanno sentire esausto e avvilito. Per prima cosa, la tua lista può comprendere amici con i quali non sei mai stato davvero in sintonia, obblighi sociali che non ti piacciono, un compagno che ti consuma la vita, e un ambiente di lavoro troppo affollato e frenetico.

Ora fai una lista di tutte le persone, luoghi e obblighi della tua vita che ti fanno sentire felice e pieno di energia. Questa lista può comprendere tempo passato nella natura o con gli amici vicini con i quali ti trovi bene. Potrebbe anche comprendere attività come fare jogging o leggere.

Per favore prenditi un momento e fallo.

Qual è la lista più lunga? Se è la prima, è ora di cominciare ad eliminare la maggior quantità possibile di queste sanguisughe di energia e cominciare a rimpiazzarle con le cose che ti danno energia, anche se può essere più facile dirlo che farlo. Molti introversi tendono a negare i propri desideri e necessità innate per fare quello che la società dice che bisogna fare, ma come ha detto il famoso autore introverso Chris Guillebeau: *"Non devi vivere la tua vita come gli altri si aspettano da te."*

E' un concetto molto semplice, e tuttavia molti introversi fanno resistenza all'idea di poter essere i maestri e i creatori della propria vita.

Fai socializzazioni più brevi

Amministrare i tuoi obblighi sociali saggiamente è uno dei modi migliori per proteggere la tua energia introversa. La maggior parte degli introversi si esaurisce rapidamente a causa di attività sociali che richiedono molta interazione. Questo non vuol dire che non ci piaccia socializzare, ma che dobbiamo essere davvero bravi a capire quanto tempo possiamo dedicare alla socializzazione.

Un ottimo modo di ottimizzare la tua energia introversa

è semplicemente fare attività sociali più brevi. Se sei come me, probabilmente comincerai a sentirti davvero esausto e anche un po' irritabile dopo un certo periodo di socializzazione. Il limite di tempo potrebbe essere trenta minuti o tre ore. La chiave sta nel sapere quanta interazione sociale puoi gestire prima di sentirti esausto.

Resisti alla tentazione di rimanere per più tempo o impegnarti per più tempo solo perché qualcun altro dice che devi farlo. La gente potrebbe dire che sei un guastafeste. Ignorali. Quando inizierai a risparmiare il tuo tempo e la tua energia, sarai più presente e impegnato nelle socializzazioni.

Trova la tua gente

Noi introversi sappiamo cosa vuol dire trovarsi al margine ed essere un osservatore silenzioso. Ci ritroviamo regolarmente all'esterno a guardare verso l'interno. Di solito, mantenere le distanze è una scelta personale, ma ci sono delle eccezioni. La verità è che a volte vorremmo partecipare e interagire, ma ci sentiamo inibiti dalle circostanze. Un falò accogliente con venti persone può sembrare più un inferno sovraffollato. Le feste in casa ci fanno sentire come animali da circo (incatenati e obbligati ad esibirci).

Come introversi lottiamo con certe dinamiche di gruppo. Queste comprendono:

- Arrivare in un gruppo già formato dove si conoscono tutti.
- Parlare con più di due o tre persone alla volta.
- Feste in casa dove l'attività principale è bere.
- Cercare di fare conversazione con persone con le quali non abbiamo nulla in comune.

Come introversi non sempre ci inseriamo, ma possiamo provare piacere e soddisfazione quando troviamo la nostra tribù. La tua tribù è composta dalle persone che condividono le tue credenze fondamentali e il tuo punto di vista. La tribù di un introverso potrebbe essere più piccola di quella di un estroverso, ma anche così porta grandi benefici.

Le persone della tua tribù ti daranno energia. Socializzare con loro è molto più facile e meno stancante perché non devi perdere tempo a spiegare perché fai certe cose. Loro ti capiscono, ti accettano e tu corrispondi con gioia.

Per trovare la tua tribù devi essere davvero chiaro su chi sei e cos'è che vuoi. Scopri il tuo *"perché"* nella vita. Come ha detto Jack Canfield: *"Comprendi il tuo scopo. Qual è il 'perché' dietro tutto ciò che fai? Quando sappiamo questo nella vita, il cammino diventa più chiaro."* Ricorda, tutto comincia con l'accettare chi si è davvero. Detto con le parole del saggio Dott. Seuss: *"Sii ciò che sei e di' ciò che senti, perché quelli a cui importa non contano, e a quelli che contano non importa."*

Capitolo 11

PIANO DI SOPRAVVIVENZA SOCIALE

Noi introversi non siamo noti per essere l'anima della festa durante eventi sociali, ma piuttosto per andare via presto o semplicemente per non andare affatto. Di solito, quando ci presentiamo ben disposti e pronti a trascorrere una buona serata, scopriamo che rimaniamo senza energia sociale dopo la prima mezz'ora. E allora?

A noi introversi piace vivere nella nostra testa. Ci sentiamo al sicuro. Possiamo osservare in silenzio e riflettere su ciò che sta accadendo intorno a noi, senza dover dire nulla. Parlare, dopotutto, è stancante per gli introversi... e anche ascoltare.

E qui sta il problema con gli eventi sociali. Di solito, si parla molto. E non solo. L'ambiente nella maggior parte degli eventi sociali è rumoroso, sovraffollato, e tutti questi stimoli esterni fanno sì che gli introversi vogliano ritirarsi ancora di più verso l'interno.

Fortunatamente, ci sono modi per sopravvivere anche agli eventi sociali più temuti, e la cosa migliore di tutte è che non dobbiamo *"curare"* la nostra introversione, o essere falsi estroversi per riuscirci. In seguito, vedremo alcuni elementi essenziali che possono aiutarti a superare con successo qualunque evento.

Questo potrebbe sorprenderti

Le feste non devono essere superficiali. Non devono essere noiose. E sicuramente non devono essere fonte di timore e colpa. E' possibile che gli introversi sopravvivano e prosperino nelle feste. E non solo. Le feste sono una grande opportunità per gli introversi per espandere la propria zona di comfort, stabilire collegamenti significativi e creare fiducia in se stessi. Se tutto questo suona attraente, ma improbabile per te, continua a leggere. In questo capitolo ti presento i miei 7 passi per aiutarti a sopravvivere a qualunque evento sociale con stile: lo stile introverso.

Passo 1: Preparati prima

Una delle ragioni per le quali noi introversi soffriamo alle feste, è perché non facciamo nulla per prepararci. Ci presentiamo al grande evento aspettandoci di sentirci sopraffatti e annoiati, quindi non c'è da sorprendersi se arriviamo e ci sentiamo sopraffatti e annoiati.

Una cosa che faccio sempre prima di un evento sociale *"intenso"* è ridurre gli stimoli il più possibile. La ragione principale per la quale non ci piacciono le feste è perché l'ambiente delle feste può sembrare un assalto sensoriale per gli introversi. Dopo un breve periodo di tempo, già vogliamo rivolgerci verso l'interno per interrompere l'attacco, e per gestire tanti stimoli ha senso praticare un po' di deprivazione sensoriale prima di uscire.

Ci sono molti modi facili di diminuire gli stimoli durante la giornata. Per cominciare, possiamo ridurre il rumore spegnendo la televisione e passando un po' di tempo in silenzio. Molti introversi sono amanti della musica e ascoltano sempre qualcosa in sottofondo. Sebbene la musica possa essere rilassante a volte, continua ad essere una forma di stimolo. Quindi, prova questo trucco: cerca di trascorrere un paio d'ore in un ambiente completamente silenzioso prima del tuo prossimo evento sociale.

Concentrazione

Un altro modo sorprendente con cui possiamo rifornirci di combustibile per un evento sociale è scegliendo attività focalizzate invece di passare da un'attività all'altra. Il multitasking è mentalmente stancante per gli introversi, che ci mettono più tempo a tornare a concentrarsi dopo essere stati interrotti. Il multitasking consiste di base nell'interrompere un'attività per farne un'altra, più e più volte. Questo non è solo improduttivo, ma anche la ricetta perfetta per il sovraccarico.

Una strategia migliore per gli introversi è raggruppare le attività correlate e portarle a termine senza interruzioni. Ad esempio, potremmo fare tutte le nostre attività creative, come scrivere e buttare giù idee, la mattina. Dopodiché, dedicarci ai lavori amministrativi, come rispondere alle mail, il pomeriggio. Questo evita di disperdere energie mentali cambiando costantemente da un'attività all'altra.

Sono un fanatico della tecnica Pomodoro e ti raccomando di provarla. La Tecnica Pomodoro è un sistema di gestione del tempo sviluppato da Francesco Cirillo negli anni 80, e per utilizzarlo devi seguire le seguenti regole:

- Dedicati unicamente e concentrati

completamente nelle attività durante periodi di 25 minuti.

- Se per qualche motivo devi interrompere il periodo di lavoro, questo non conta come un periodo completo e devi cominciare di nuovo con un periodo di 25 minuti.
- Dopo un periodo di lavoro di 25 minuti devi riposarti 5 minuti, e dopo il 4° blocco da 25 minuti devi riposarti per 15 minuti. Quello che fai nel periodo di riposo dipende da te, ma l'idea è fare qualcosa che ti rilassi.

Vediamo la sequenza di blocchi di lavoro e riposo:

- 25 minuti scrittura
- 5 minuti riposo
- 25 minuti scrittura
- 5 minuti riposo
- 25 minuti scrittura
- 5 minuti riposo
- 25 minuti scrittura
- 15 minuti riposo

Puoi seguire questa sequenza usando un timer, anche se esistono varie applicazioni un po' più sofisticate e che funzionano bene sul web, oppure puoi installarne una sul computer o sul tuo Smartphone. L'applicazione che utilizzo io si chiama Pomotodo e la puoi trovare su www.pomotodo.com. Oltre ad aiutarti a concentrarti, questa tecnica ti permette di controllare la tua produttività e funziona a meraviglia.

Bene, tornando al tema di prepararti in anticipo per un evento sociale, se è possibile, è meglio fare attività che offrano la giusta quantità di stimoli prima di una serata di intensa socializzazione. Queste possono cambiare da un introverso all'altro. Per me, scrivere offre la perfetta quantità di stimoli impegnandomi mentalmente senza stancarmi, anche se magari per altri leggere o lavorare ad un progetto artistico può andare bene.

L'intenzione è tutto

Un altro modo ottimo per prepararsi ad un qualsiasi evento sociale consiste nello stabilire un'intenzione in anticipo. Un'intenzione è un obiettivo o un proposito chiaro. Spesso sembra che gli eventi sociali non abbiano senso e ne usciamo con obblighi o sensi di colpa, ma possiamo trovargli uno scopo.

La chiave sta nel decidere in anticipo cos'è che vogliamo trarre dall'esperienza. *Vogliamo farci degli amici? Mettere in pratica le nostre capacità di conversazione? Connettersi ad un livello più profondo almeno con una persona? Cercare di partecipare nonostante le distrazioni? O mostrare apprezzamento a chiunque sia la persona con cui stiamo parlando?*

Come vedi ho cominciato ad essere abbastanza specifico con gli esempi precedenti. Ridurre la nostra intenzione più grande in intenzioni più piccole e più specifiche fa sì che sia più facile raggiungere i nostri scopi. Farsi degli amici potrebbe essere la nostra intenzione più grande e a lungo termine, ma stasera, ci focalizzeremo semplicemente su un unico aspetto. Sappiamo che essere davvero presenti ci rende attraenti e simpatici, quindi lo facciamo diventare il nostro obiettivo principale.

Ci sono prove scientifiche che supportano il potere dell'intenzione quando si sta cercando il collegamento sociale. In uno studio condotto da Arthur Aron, stabilire un'intenzione ha aiutato gli introversi ad approfondire proprie connessioni sociali in soli 45 minuti. Durante lo studio sono stati accoppiati degli estranei ai quali sono state fornite 36 domande da farsi reciprocamente, alcune più personali di altre. Quando sono stati accoppiati degli estroversi, la maggior parte di essi ha detto di sentirsi più connessi. Tuttavia, gli introversi riuscivano a sentire una profonda connessione solamente quando gli veniva detto esplicitamente di usare l'esercizio con lo scopo di connettersi.

Passo 2: Raggiungi la consapevolezza

Per molti introversi, una festa è un posto dove la propria autostima crolla. Possiamo essere del tutto sicuri di noi stessi al lavoro, o con i nostri amici più intimi, ma nelle feste ci sentiamo fuori luogo. In realtà, è un eufemismo. Ci sentiamo come gli gnomi di Natale ad Hanukkah.

E' come se improvvisamente il nostro corpo fosse un veicolo estraneo del quale non abbiamo mai ricevuto il manuale di istruzioni. *Che ne faccio delle braccia? Le piego o metto le mani in tasca? E la mia faccia? Devo sorridere. No, non come uno psicopatico. Provaci senza mostrare i denti. Questo conta come sorriso?*

Sentirsi sicuri solamente in certi ambienti e del tutto insicuri in altri è detta *"consapevolezza situazionale"*. Per sentirsi davvero a proprio agio alle feste o agli eventi sociali è importante sviluppare la consapevolezza centrale. Questo tipo di consapevolezza vera si costruisce dall'interno verso l'esterno e perdura indipendentemente da dove siamo.

Ciò che confonde la gente per quello che riguarda la consapevolezza è che crediamo che sia come un interruttore della luce, che semplicemente accendiamo quando è neces-

altà è più come una fiamma che deve essere tinuamente per brillare con più intensità.

la consapevolezza centrale richiede tempo, ›sa in cui gli introversi sono particolarmente bravi: una buona dose di introspezione. Ecco un esercizio per aiutarti ad iniziare.

Rispondi alle seguenti domande:

- Quali sono i miei timori sull'andare ad una festa?
- Qual è la paura dietro questa paura? (Ad esempio, se hai paura che nessuno ti rivolga la parola, è probabile che la paura dietro la paura sia il rifiuto). E qual è la paura dietro questa paura, e così via.
- Ora elenca tutte le prove contrarie a questo timore (ad esempio, quando sei stato il benvenuto e sei stato accettato invece di essere rifiutato).

L'aspetto più importante di questo esercizio sta nel passare molto tempo ad analizzare le prove contrarie alle nostre paure. L'ego cerca continuamente prove, quindi possiamo anche fornirgli una prova che sia a nostro favore.

Di fatto, la maggior parte di noi viene accettata molte più volte di quelle in cui viene rifiutata. E' solo che al nostro cervello piace focalizzarsi sui risultati negativi. Senza dubbio è un meccanismo di sopravvivenza dei nostri giorni da uomini delle caverne. Se anche la nostra focalizzazione negativa è eccellente per evitare frutti velenosi e scappare da animali selvaggi, non funziona molto bene per la nostra autostima.

Una parte importante di innalzare la nostra autostima consiste nel lavorare dall'interno verso l'esterno per ricollegare il nostro cervello. Così, impareremo lentamente ad eludere la nostra negatività di uomini delle caverne e a creare una mentalità di consapevolezza.

Passo 3: Conosci i tuoi cicli sociali

Una delle ragioni per cui gli introversi soffrono tanto agli eventi sociali è perché si mettono sotto pressione per cercare di essere sempre *"attivi"*. In questo mondo estroverso nel quale viviamo, si sottintende che più si è occupati, meglio è, e quante più attività si possono aggiungere alla propria settimana, più si sarà felice.

Questo porta noi introversi a dire *"sì"* quando ogni molecola del nostro essere sta gridando *"no!"*. Ci fa stare male perché rimaniamo senza energia sociale a metà del fine settimana mentre tutti gli estroversi passano da una festa all'altra. Sfortunatamente, il tachimetro sociale della nostra società registra solo la velocità estroversa. Noi introversi preferiamo un'impostazione più lenta della vita.

A volte, possiamo seguire il ritmo degli estroversi, ma solo per un breve periodo prima di avere bisogno di riposarci e tornare a guardare verso l'interno. Invece di rispettare il nostro bisogno di ridurre la velocità, cerchiamo di obbligarci ad andare avanti a velocità estroversa, ma spingere troppo per troppo tempo porta inevitabilmente a qualche tipo di shock. Ci ammaliano, ci intristiamo, ci stanchiamo ecc.

Questo non è il modo giusto di approcciarci alla socializzazione o a qualunque altro aspetto della nostra vita. Noi introversi stiamo molto meglio se comprendiamo e rispettiamo i nostri cicli sociali. Per esperienza, la maggior parte degli introversi riesce a fare una stima approssimativa di quanta energia sociale avrà bisogno per uno specifico evento e quanto tempo ci metterà ad esaurirsi. Ad esempio, potremmo aver notato che riusciamo a trascorrere solo un'ora ad una festa prima di cominciare a spegnerci.

Negli incontri più piccoli dove conosciamo la maggior parte degli invitati, possiamo resistere più tempo, magari anche fino a due o tre ore. Il punto è che, se conosciamo il limite di tempo con cui abbiamo a che fare, potremo pianificare di conseguenza. Se sappiamo di dover partecipare ad un grande evento il venerdì sera, ad esempio, potremmo programmare un tempo di inattività in più per il giovedì e il sabato.

Passo 4: Abbi sempre un piano di fuga

Spesso noi introversi restiamo intrappolati agli eventi sociali molto dopo che le nostre batterie sociali si sono esaurite. Questa è la ragione per cui la condivisione dell'auto può essere deleteria per noi introversi, soprattutto se abbiamo un amico estroverso che si ricarica a mano a mano che la notte avanza. Un piano migliore potrebbe essere condividere l'auto con un amico introverso o viaggiare da soli. Per spiegare il mio punto di vista, permettimi di condividere un'esperienza spaventosa in cui potrai ritrovarti.

Tempo fa mi sono ritrovato intrappolato nella mia stessa casa e mi sono sentito in obbligo di parlare fino a scaricare del tutto la mia batteria sociale. Non era possibile rimanere in silenzio, e se non parlavo, dovevo ascoltare. Vedi, avevamo organizzato un piccolo barbecue con un'altra coppia e il loro figlio piccolo. Il tutto è durato solo tre ore, ma mi sono sembrate trenta. Appena venti minuti dopo di aver iniziato l'evento, già avevo bisogno di ricaricare la mia energia, ma non potevo, perché avevo dimenticato quella che sapevo essere una strategia fondamentale per la sopravvivenza introversa: avere sempre un piano di fuga.

Di solito sono scrupoloso con questa importante tattica di sopravvivenza. E' la ragione per cui non partecipo a viaggi di gruppo o uscite che durano tutto il fine settimana con gruppi di amici. Tuttavia, a volte semplicemente non posso evitare di infrangere la regola e poi, ovviamente, pago per i miei errori.

Forse ti è capitato qualcosa di simile? Accetti un invito e involontariamente ti converti nel complice del tuo stesso destino. La tua intuizione introversa ti aveva detto che c'era qualcosa di sbagliato, hai percepito un odore di marcio, ma non ti sei reso conto da dove veniva finché non è stato troppo tardi.

I viaggi in gruppo, il campeggio e le uscite che durano tutto il fine settimana innalzano bandiere rosse per noi, dato che scappare è quasi impossibile. In queste circostanze ci sono troppe opportunità di essere sopraffatti e sentirsi in colpa.

Qualcuno potrebbe portare la sua nuova compagna che tutti adorano immediatamente... tranne te. Allora sei quello cattivo che si allontana dal suono della sua voce. Oppure il gruppo può decidere di passare tutta la notte seduto in cerchio a parlare, mentre tu passi dal sogno ad occhi aperti a sentirti colpevole per stare seduto in silenzio e volertene andare il prima possibile senza attirare l'attenzione come un guastafeste.

La conclusione: abbi sempre qualche tipo di piano di fuga. E se in qualche modo resti intrappolato, respira profondamente e liberati di ogni grammo di senso di colpa che ti sta crescendo dentro e fai quello che devi fare. Divertiti o vattene.

Passo 5: Amplia la tua zona di comfort

Come introverso, probabilmente ti avranno detto *"esci dal guscio"* o *"esci dalla tua zona di comfort"*. Alla gente non sembra piacere l'idea che noi introversi ci sentiamo a nostro agio quando stiamo da soli.

Io preferisco stabilire una strategia più amichevole e introversa per la crescita. Invece di lanciarci alla cieca all'esterno della nostra zona di comfort, come un siluro senza un bersaglio, possiamo espanderla dolcemente. Allo stesso modo della tartaruga che porta con sé il suo guscio ovunque va, anche gli introversi possono portare con sé un mantello di comodità e protezione. Nelle situazioni sociali, questo potrebbe significare *"esporci"*, ma con un amico fidato al nostro fianco che non ci faccia sentire sopraffatti. In un viaggio di gruppo, potrebbe essere qualcosa di tanto semplice come andare con la propria auto per usarla come rifugio in qualsiasi momento.

Spesso, espandere la nostra zona di comfort ha più a che vedere con un cambiamento di mentalità che con il prendere misure drastiche. Si tratta di restare aperti e guardare le cose in modo differente. Ad esempio, potremmo vedere una festa come un esperimento che ci consente di mettere in pratica tutta questa questione dell'espansione della nostra zona di comfort. Vedere qualcosa come un esperimento invece che come una prova a volte lo rende divertente.

In genere questo è il tipo di adattamento mentale che motiva gli introversi ad orientarsi verso l'obiettivo di provare cose nuove. Parte dell'esperimento consiste nel prestare attenzione a come ci sembrano le cose. Ricorda solo questo: se non ti sembrano giuste, allora non devi per forza ripetere l'esperimento. In seguito potrai provare qualcosa di diverso.

Passo 6: Piccole chiacchiere

Le piccole conversazioni hanno un effetto sconvolgente sugli introversi e ci spingono ai bordi di una stanza. E' la ragione per cui siamo restii a conoscere gente nuova.

La nostra avversione per le conversazioni banali può fare in modo che alcune persone pensino che siamo socialmente inetti o asociali. Suppongono che non ci piacciano le persone, ma in realtà è vero il contrario.

Gli introversi riconoscono che le piccole conversazioni creano limiti tra le persone. Sfortunatamente, la nostra cultura considera le piccole conversazioni una necessità sociale. Anche Wikipedia è arrivata a descriverle come un *"lubrificante sociale"*, cosa che le fa sembrare molto più divertenti di quello che in realtà sono.

Le piccole conversazioni devono essere leggere, divertenti ed evitare la profondità e il significato. Le domande personali sono considerate inappropriate e si scoraggia l'espressione di qualunque emozione che non sia la felicità o la neutralità.

La verità è che le piccole chiacchiere permettono che due persone abbiano una conversazione completa senza arrivare a conoscersi davvero. E' come una partita di scacchi dove entrambi i giocatori conoscono sempre la prossima mossa dell'altro. E' uno scambio prevedibile dai risultati prevedibili. Per gli introversi, questo è uno degli ostacoli fastidiosi da superare e siamo soddisfatti quando conosciamo qualcuno che odia queste formalità quanto noi. Speriamo di conoscere quest'anima audace che fa domande inappropriate e ride nei momenti sbagliati. Siamo sempre alla ricerca di persone che desiderano la profondità piuttosto che la superficialità.

Il nostro desiderio è poterci connettere ad un livello più

profondo, e questo rende le piccole conversazioni particolarmente fastidiose. La cosa migliore è cominciare a piccoli passi. Grazie a mia moglie estroversa ho imparato un'ottima strategia di connessione che può aiutarti ad iniziare. Può sembrare un po' radicale e spaventosa all'inizio. La prima volta che ho cercato di usare questa tecnica di connessione mi sono sentito come se stessi per uscire su un palcoscenico di fronte a centinaia di persone... nudo.

L'ho messa in dubbio. Mi preoccupava quello che avrebbe pensato l'altra persona. Tutto sembrava molto innaturale, ma l'ho fatto comunque. E mi ha fatto piacere scoprire che ha portato rapidamente le conversazioni ad un livello più profondo e significativo.

Ho iniziato a dire cose come:

- *"Non mi piace il campeggio, affatto"*
- *"Questo è imbarazzante"*
- *"Questo ha ferito i miei sentimenti"*
- *"No"*
- *"Mi sento sopraffatto"*
- *"Questa cosa mi disturba"*
- *"Sono davvero orgoglioso di ciò"*

In altre parole, ho cominciato ad essere onesto. Lo so, sembra molto semplice, vero? E, tuttavia, in quel momento dire quello che davvero si pensa o si prova può essere spaventoso. Il nostro ego dirà qualsiasi cosa per evitare di essere onesto. Ci dice che le persone non ci vorranno se diciamo come ci sentiamo davvero. Dice che saremo deboli se mostriamo qualche punto vulnerabile. E sembreremo arroganti se dimostriamo di essere orgogliosi di come siamo e di quello che abbiamo ottenuto.

Ma la realtà è che LA VERITA' E' SEXY. Attira la gente e

gli fa abbassare immediatamente la guardia. Un avvertimento onesto può interrompere le piccole chiacchiere alla radice. Qualcosa come...

- *"Per essere onesto non vado spesso alle feste. Mi sento sopraffatto stando qui"*
- *"Non sono un gran conversatore, ma mi piace ascoltare"*
- *"No. Non voglio andare. Preferisco restare a casa e avere del tempo per me"*

Provaci. Puoi cominciare provando con qualcuno con cui ti trovi già a tuo agio e vedere come va.

Passo 7: Crea spazi di solitudine

La sovrastimolazione è la minaccia principale per la sopravvivenza dell'introverso. Negli eventi sociali, il rumore e gli stimoli visivi sono i colpevoli più minacciosi. Il nostro istinto naturale è andare verso l'uscita quando cominciamo a sentirci sopraffatti, ma a volte non siamo pronti ad andarcene. Nonostante siamo fisicamente e mentalmente esauriti, notiamo che ci sono ancora conversazioni interessanti e ci piacerebbe rimanere.

Questo porta ad un grande dilemma per gli introversi. Che facciamo quando sentiamo che ci stiamo spegnendo, ma non vogliamo ancora andare? A questo punto, la chiave per sopravvivere al resto dell'evento è ridurre gli stimoli, e il modo migliore per ridurre il volume degli stimoli è creare uno spazio di solitudine.

Allontanarsi il più possibile dalla gente e dalla musica aiuta. Anche fare una piccola passeggiata intorno all'isolato aiuta moltissimo. Un'altra maniera per ricaricarsi è abbracciare un animale domestico. Nulla cura tanto la stanchezza come giocare con un cane o un gatto socievoli. Questa è una delle mie strategie preferite perché è rilassante e rassicurante. Inoltre, giocare con un animale domestico sembra molto meno strano che mettersi in un angolo con le mani sulle orecchie.

In alcuni casi, anche solo fare dei respiri profondi e lenti può darci quel recupero mentale di cui abbiamo bisogno per sopravvivere. Un'altra pratica di piena attenzione che funziona molto bene è avere delle caramelle nella borsa. Quando ti senti sopraffatto, tira fuori una caramella e prima di aprirla sfregala tra le dita per concentrare tutta la tua attenzione su com'è. Dopo un momento, aprila e metti la caramella nella bocca e concentrati completamente sulla sensazione mentre ti si scioglie sulla lingua. La ragione per cui questo esercizio funziona è perché richiama la tua attenzione sulle tue sensazioni. Quando sei completamente presente con uno o più dei tuoi sensi, sei obbligato a sperimentare il potere rinvigorente del momento presente.

Nel capitolo seguente imparerai a gestire una delle tue qualità che, se ben utilizzata, può essere un enorme vantaggio, ma se non la controlli, può diventare il tuo peggior nemico, anche nella tranquillità della solitudine.

Capitolo 12

COME NON IMPAZZIRE IN UN MONDO DI ECCESSO DI INFORMAZIONI

Questo è un consiglio speciale, e nonostante sia molto breve, ho deciso di lasciarlo in un capitolo indipendente vista la sua importanza. A questo punto non dovrebbe più sorprenderti sapere che hai un cervello eccessivamente attivo costantemente pieno di idee e sogni. Molti di noi amano alimentare la propria mente vorace con un flusso costante di dolci cerebrali: letteratura, documentari, TED Talks, articoli interessanti e video informativi su YouTube.

Grazie a questa ingegnosa piccola invenzione chiamata *"Internet"*, abbiamo accesso immediato a tutte le informazioni che potremmo desiderare, e molto di più.

Se sei come me, e ti piace ricevere consigli magici gratuiti per posta elettronica, è probabile che la tua cartella della posta in arrivo sia piena di tonnellate di informazioni invitanti.

Con tutte le informazioni che ci arrivano da tante fonti differenti, è facile sentirsi sopraffatti. Ci sentiamo come bambini in un negozio di dolci. Siamo tanto entusiasti di tutte le possibilità che abbiamo, che vorremmo divorarli tutti, ma dopo ci rendiamo conto che cercare di farlo ci farà stare male, in questo caso, mentalmente.

Allora come possiamo mantenere la nostra sanità mentale in un mondo con un eccesso di informazioni? Allora, prima di tutto...

Scegli con attenzione

So che può essere molto invitante cercare di accumulare nel cervello quanti più consigli gratuiti di crescita personale, ma ricorda, il tuo tempo è più importante del denaro. Il denaro è una risorsa rinnovabile. Il tempo no.

E' molto meglio concentrarsi su poche risorse di alta qualità che cercare di accumularle tutte. Una cosa che mi ha davvero aiutato a scegliere con più attenzione le mie fonti di informazioni, è concentrarmi su tutorial online che condividono i miei valori fondamentali. Ad esempio, quando cerco delle consulenze commerciali, cerco informazioni da imprenditori che abbiano già realizzato il cammino che voglio intraprendere e lascio perdere il resto.

Scegli la profondità invece dell'ampiezza

Di solito questo è un consiglio d'oro che farà una grande differenza. Questo significa che dei *"10 consigli"* che ricevi, solo uno farà risuonare qualcosa dentro di te. Tenendo presente questo, una volta che hai trovato questo punto dorato, fermati e immergiti più approfonditamente in questo campo. Concentrati e delimita i tuoi parametri di ricerca. Rifletti sul perché questo argomento è importante per te in questo momento, e come puoi esplorarlo più a fondo".

Ad esempio, tempo fa ho deciso di imparare qualcosa di

elettronica per sviluppare e installare l'allarme in casa mia. Quindi ho cercato su YouTube e ho trovato un intero universo di cose che potevo realizzare con la conoscenza di base che stavo acquisendo. Dopo pochi giorni mi sentivo troppo sopraffatto perché non avevo il tempo necessario per fare tutto ciò che volevo. Finalmente mi sono ricordato del mio obiettivo iniziale, e ho sviluppato un sistema che mi informa ogni volta che si apre la porta principale di casa mia (lo dico solo perché mi voglio vantare) e la stanchezza mentale è sparita.

Nota: A proposito di questo consiglio, ti raccomando di dare un'occhiata al mio libro "Impara come Einstein" nel quale ti insegnerò le tecniche di apprendimento accelerato che ho utilizzato negli anni per imparare qualunque tipo di cose.

Capitolo 13

I TUOI TALENTI NASCOSTI

Siamo quasi alla fine del libro, e questo è un argomento che non voglio smettere di trattare. Molti introversi tengono i propri talenti nascosti finché non si sentono pronti per condividerli con il mondo. Laurie Helgoe descrive bene questa tendenza: *"Gli introversi si tengono dentro le cose migliori finché non si sentono pronti, e questo fa impazzire gli estroversi. La spiegazione del comportamento degli introversi, secondo gli estroversi, è che lui o lei è asociale."*

Tuttavia, ci sono molte ragioni per le quali scegliamo di mantenere le nostre abilità segrete. Non perché siamo snob o asociali. Magari ci sentiamo più a nostro agio dietro le quinte invece di pavoneggiarci. Naturalmente, non vogliamo sembrare arroganti o vanitosi. Potrebbe anche esserci una componente di paura. Sviluppare i nostri doni implica dei rischi. Scommettiamo su noi stessi e speriamo di non fallire miseramente e, per quanto possa sembrare strano, temiamo anche il nostro potere. Temiamo di raggiungere il pieno potenziale e brillare. Come dice Marianne Williamson: *"La nostra paura più profonda non è essere inadeguati. La nostra paura più profonda è che siamo potenti oltre misura. E' la nostra luce, non la nostra oscurità ciò che più ci spaventa. Ci chiediamo, chi sono io per essere brillante, pieno di talento, fantastico?"*

Non dobbiamo permettere che la paura ci impedisca di condividere i nostri doni. Essere modesti sui nostri talenti è una cosa, ma nasconderli è qualcosa di completamente differente. Come introversi, potremmo pensare che stiamo facendo qualcosa di nobile ripiegandoci su noi stessi affinché altri possano brillare e confondiamo la codardia con l'umiltà.

Sia che i nostri talenti si sviluppino dietro le quinte o al centro dell'attenzione, i nostri doni unici ci danno il potere di ispirare, creare connessioni e fare la differenza. Quando li teniamo per noi, neghiamo ad altri i possibili benefici. Di nuovo, Williamson descrive questa verità in maniera brillante: *"La tua piccolezza non serve al mondo. Non c'è nulla di illuminato a ripiegarsi su se stessi perché altri non si sentano insicuri intorno a te. Tutti dobbiamo brillare, come fanno i bambini... E a mano a mano che lasciamo che la nostra luce brilli, inconsciamente diamo il permesso ad altre persone di fare lo stesso. Liberandoci delle nostre paure, la nostra presenza libererà automaticamente gli altri."*

Come introversi possiamo preferire aspettare un invito esplicito per condividere i nostri talenti. Non siamo quelli che alzano la mano in classe per dare una risposta e non siamo l'anima della festa, ma una piccola spinta nella direzione giusta può aiutarci a fare il primo passo. Quindi, ora ti do una piccola spinta. Con il potere conferitomi in quanto scrittore introverso, uguale a te, ti chiedo di condividere i tuoi talenti con il mondo. Se preferisci farlo dietro le quinte va bene. Se preferisci mostrare piuttosto che contare, ancora meglio. La cosa importante è che trovi il modo di dare al mondo ciò che solo tu puoi dare e non abbia mai paura di brillare nel tuo modo introverso.

Capitolo 14

DA QUI IN POI

"Puoi pensare che io sia piccolo, ma ho un intero universo nella mente." - Yoko Ono

Lo studio sugli introversi ha alla base una storia lunga e interessante, e le teorie psicologiche sull'introversione continuano a svilupparsi. Senza dubbio, la ricerca deve percorrere un lungo cammino prima di capire completamente perché siamo ciò che siamo. Tuttavia, la ricerca finora ci ha di sicuro dato una comprensione più profonda del modo in cui gli introversi sono differenti, dai loro geni fino al cervello e ai loro livelli di felicità.

L'introversione non è uno svantaggio né un vantaggio. E' un ingrediente vitale necessario per le innovazioni sociali, economiche e politiche del mondo. L'introversione offre razionalità come antidoto contro l'imprudenza della passione e promuove l'umiltà dove prevarrebbe l'ego. Non è la soluzione, né il problema. Non deve essere abusata o sradicata.

Gli introversi hanno qualità che portano un equilibrio sociale necessario. Senza introversi, è possibile che non avremmo letteratura o arte. Senza introversi, è possibile che non avremmo invenzioni o innovazioni. Senza introversi, è possibile che non avremmo soluzioni a problemi analitici. Senza introversi, è possibile che non avremmo sviluppi tecnologici ed esplorazioni scientifiche.

Devi adattarti a situazioni sociali specifiche? Forse. Di sicuro potresti trarre dei benefici ad essere più estroverso in certe circostanze, ma non dovresti mai rinunciare all'essenza di ciò che ti rende speciale e unico, perché nonostante il fatto che la società tenda a premiare caratteristiche estroverse, è grazie agli introversi come te che sono stati prodotti i maggiori sviluppi in quasi ogni campo.

Dato tutto quello di cui abbiamo discusso in questo libro, qualcuno potrebbe pensare che il futuro degli introversi in un mondo sempre più estroverso sia oscuro. Tuttavia, la quantità di persone di successo e di alto rendimento considerate introverse è incredibile. La tecnologia si è evoluta fino al punto di facilitare il successo di chiunque. L'utilizzo generalizzato di internet ha spianato la strada a forme meno conflittuali di commercio, lavoro a distanza e, in generale, ha creato un nuovo sistema economico. Tutte queste nuove possibilità giocano a favore dei punti di forza degli introversi, come l'indipendenza, l'auto-motivazione e la concentrazione.

Essere un introverso non è in nessun caso un ostacolo per la creatività o per il successo. Sebbene il nostro mondo sia sempre più connesso, ci sarà sempre il bisogno di pensatori profondi, creativi, visionari e leader che reagiscano non impulsivamente ma da una posizione di considerazione e comprensione. E con la maggior attenzione che si presta negli ultimi anni alla condizione dell'introversione, l'apprezzamento pubblico per gli introversi e le loro qualità uniche è al punto più alto e continua a crescere.

Potresti non essere capace di cambiare la tua essenza di introverso, ma con la lettura di questo libro hai guadagnato una comprensione del tuo schema unico di comportamento e pensiero, cosa che ti renderà più felice di quanto qualunque cambiamento esterno potrebbe mai fare.

L'AUTORE

Steve Allen è lo pseudonimo che ho scelto quando ho iniziato a scrivere sulla mia vita nel mio blog personale, come terapia. L'ho fatto perché volevo mantenere un velo di anonimato, e preferisco che rimanga tale. Forse ci siamo incrociati per strada o ci siamo persino incontrati di persona, e questo mi entusiasma molto. Ho sempre scritto degli strumenti e delle tecniche che ho usato personalmente per raggiungere il tipo di successo che ho desiderato nella mia vita, ed è quello che condivido nei miei libri.

Ho osservato il comportamento umano per oltre 12 anni e ho scoperto che tra tutte le qualità che caratterizzano una persona di successo, le più importanti sono i suoi schemi di pensiero e il suo atteggiamento. Istituti prestigiosi come l'Università di Harvard, la Carnegie Foundation e lo Stanford Research Institute hanno dimostrato che solo il 15% delle ragioni per cui una persona ha successo nella sua vita personale e professionale hanno a che fare con le sue capacità tecniche e le sue conoscenze professionali, mentre l'altro 85% ha a che fare con i suoi schemi di pensiero, il suo livello di motivazione e la sua capacità di agire. E questo è proprio quello che insegno.

Qualcuno dirà che parlare di sviluppo personale equivale a vendere fumo, ancor più con uno pseudonimo, ma vi assicuro che tutto ciò che condivido con voi mi ha portato a passare dall'essere una persona sola che viveva nella casa dei propri genitori, a vivere in mezzo alla natura, in un vero paradiso terrestre, con la donna dei miei sogni, con una vita sociale piacevole e con una situazione finanziaria tale per cui non devo alzarmi ogni mattina e lavorare per qualcun altro. Smetterò di fare ciò che mi ha portato tutte queste cose e aiuterò le migliaia di lettori che mi seguono perché qualcuno che pensa di avere un intelletto superiore sta cercando di dimostrare quanto mi sbaglio non usando il mio vero nome? Non credo proprio.

Avendo chiarito questo punto, voglio che sappia che sei venuto ai miei libri per un motivo, e cioè che l'universo vuole darti una spinta per risvegliare il tuo vero potenziale, per liberarti e per entrare nella tua vita in modo straordinario. Nei miei lavori condivido le mie strategie di pensiero affinché possa iniziare a sviluppare da quel momento un atteggiamento mentale che ti porterà al successo, quindi ti invito a sederti in prima fila come mio ospite d'onore mentre ti guiderò in questo viaggio alla scoperta dei tuoi pensieri, del tuo atteggiamento mentale e del successo.

A presto!

Printed by Amazon Italia Logistica S.r.l.
Torrazza Piemonte (TO), Italy

17076881R00062